伟人的青少年时代

刘 少 奇

郑春兴 主编

时代文艺出版社

图书在版编目（CIP）数据

刘少奇 / 郑春兴 主编. —长春：时代文艺出版社，2012.6（2022.6重印）

（伟人的青少年时代）

ISBN 978-7-5387-2751-7

Ⅰ.①刘... Ⅱ.①郑... Ⅲ.①刘少奇（1898~1969）—生平事迹—青少年读物 Ⅳ.①K827-7

中国版本图书馆CIP数据核字（2012）第095571号

出 品 人　陈　琛

责任编辑　王　峰

排版制作　初昆阳

刘少奇

郑春兴　主编

出版发行 / 时代文艺出版社

地址 / 长春市福祉大路5788号　龙腾国际大厦A座15层　（130118）

总编办 / 0431-81629751　发行部 / 0431-81629758

官方微博 / weibo.com/tlapress

印刷 / 三河市东兴印刷有限公司

开本 / 660mm×940mm　1 / 16　字数 / 100千字　印张 / 10

版次 / 2009年6月第1版　印次 / 2022年6月第8次印刷　定价 / 36.00元

本书编委会

主　编：郑春兴

副主编：张耀军　朴景爱　辛宏志　杨　厦　张李昂
　　　　　李赫男　王艳春　戚　新　孙伟国　张桂兰
　　　　　于淑丽　于克敏　孙惠欣

编委会成员：（以姓氏笔画为序）
　　　　　马　锋　刘　伟　李文太　杨开银　张春昊
　　　　　杜　葳　李　颖　胡汉军　项　和　蒋玉容
　　　　　韩国义

目 录 MULU

分享"奖品"

湖南的老百姓把山间小块平原习惯称为"冲"。在湖南省宁乡县花明楼乡有一个小山村，叫炭子冲。出冲口沿大路往东北方向走约八十里，就到了湘江。湘江对岸，就是湖南省会长沙。

在炭子冲的东山坡脚下，有一座土木结构的农舍，户主名叫刘寿生。

1898年11月24日，刘寿生的第六个孩子出生了，是个男孩，在家族中应排行第九。当地俚语称最末的一个孩子为"满仔"，这个男孩小名就叫"九满"，取名叫刘绍选，字渭璜。

刘家祖辈也称得上是"耕读"世家，祖籍江西省吉水县。明朝中叶，刘家有人被派到湖南益阳县做官，几经辗转，才在炭子冲落户生根。所以，刘寿生在耕作的同时，比较重视子女的文化教育。

在当地来说，刘家的生活比上不足，比下有余。算上"九满"这个老儿子，刘寿生已有四个儿子，另外还有两个女儿。他和儿子们经常忙着田里的耕作，妻子鲁氏和两个女儿纺纱织布，饲养家禽家畜。小日子精打细算，每年都略有剩余。

"九满"小的时候除了和小伙伴的玩耍，也经常跟着哥哥姐姐下田摘菜除草，放牛拾柴。到他八岁时，被父亲送到离家三里远的柘木冲一家私塾读书。

旧中国农村的教育十分落后，农家子弟上学读书实属不易。

九满是家中最小的孩子，深爱家人喜爱，所以幸运地得到了从小上学的机会。父母希望把他培养成知书懂礼的有用之才，家境再难也千方百计地保证他就读。

九满当时所谓的上学，上的并不是那种正规的学校，而是由一些当地富人或者先生办的私塾。大都是祠堂或者先生家中辟出一二间堂屋，

刘少奇故居

由先生讲学。九满上的就是这样的农村私塾。

在这家私塾，他先读《三字经》《千家文》，接着读《论语》。

塾师是个六十多岁的老先生，叫朱赞庭。他很喜欢九满，觉得九满比别的孩子懂事，知道自尊自爱。

由于私塾就设在朱赞庭的家里，孩子们常去偷摘他家房前屋后的梨和石榴，但九满从来没有参与过那些"馋嘴猴"的活动。

朱赞庭看在眼里，喜在心头。

一次他特意挑了两个红彤彤的大石榴，奖赏了给九满。可他没想到，九满却把石榴切成一瓣一瓣的，分给其他小伙伴。他赞赏地点头笑了：九满得了"奖品"不炫耀，却与别人分享，这是一般孩子做不到的。

怀疑"性本善"

有一天，先生朱赞庭教学生们读《三字经》："人之初，性本善。性相近，习相远……"

读着读着，九满对其中的"性本善"一句产生了怀疑。原因是他想到了不久前曾经发生过的一件事：

那天，九满正在和王三伢子、海伢子等几个小伙伴在山坡上给牛割草。

天气炎热，小朋友们都热得汗流浃背。于是他们放下手中的活计，"扑通"、"扑通"跳到河里洗澡去了。

洗完澡后，小伙伴们都光着屁股趴在樟树下，听九满讲起了《西游记》的故事。

小伙伴们都听得入了迷，不知不觉中太阳已经下山了。这时，他们才发现草还没有割完呢?还没草，牛吃什么呀? 回去之后，一定会遭到父母打骂的。于是他们赶快跑到一个土岗上去割草，这里的草长得很茂盛，小伙伴们很快就割够了。

就在他们刚要转身回家的时候，突然听到一声大骂由远而近传来：

"哪里来的小崽子们，敢跑到老子的草岗上来割草！"

没等孩子们反应过来，那个叫骂的财主已经跑到他们面前了，抓住海伢子"啪啪"就是几个耳光。鲜血从海伢子的嘴里流了出来……

九满把这件事告诉了朱先生，并问：

"先生，人真的都是'性本善'吗？我看那个财主就本性不善。"

朱先生没想到九满小小的年纪，竟会提出这样的问题。他反问道：

"那么你是赞同荀子的'性恶说'了？"

刘少奇当时还没读多少书，当然不知道荀子是谁了，更不知"性恶说"说的是什么，但是他还是听明白了朱先生的意思，便回答说：

"我是说，人一定有善恶之分。像我家的熊师傅就性善，他一天到晚默默地干活，有空的时候还给我讲有趣的故事。反正他比打海伢子的那个恶霸地主好多了。"

巧治恶狗

九满很喜欢老师朱赞庭，可是由于柘木冲路较远，第二年，也就是1907年，他九岁时，又换到离家更近些的罗家塘私塾，在这里读了《大学》《中庸》《孟子》等书。

每天上学，到罗家塘上学虽近些，他和几个小伙伴们却要翻过炭子冲西山坡，经过一个叫寻木塘的山坳。在这个山坳中，住着一户人家。这家养了一条狗，经常在林间小路上狂吠咬人，从这里经过的人都非常害怕。

一次，九满放学回家从此经过，冷不防被树林里蹿出的恶狗咬了一口。九满非常气愤，便和小伙伴们商定，一定要教训一下这只乱咬人的恶狗。

一天放学后，几个小伙伴们绕道回家拿了扁担、柴刀、棍棒等"武器"，按计划来到了寻木塘的山坳间小路上。几个人故意大声说，拨弄着树枝，想将狗引出来。

"汪、汪、汪",随着一阵由远而近的狂吠,那条恶狗果真从林子里蹿出,向小伙伴们扑来。

面对着扑来的恶狗,小伙伴们立即分散开来,用手里的扁担、木棍和柴刀向恶狗打去,狗非常敏捷,小伙伴们的扁担和棍棒多次落下,都未能打着。

伙伴们见手中的"武器"不管用,便从地上拣起石头来砸。谁知石头扔过去以后,都被狗一一躲过。

正当小伙伴们泄气的时候,只见九满一声不响地从衣服口袋里掏出一团黑乎乎的东西,向狗扔去。

恶狗照例一闪身,然后猛地咬住那黑乎乎的东西。突然,恶狗"嗷嗷"地尖叫着,遍地乱打滚,随即便夹着尾巴逃走了。

小伙伴们不解地望着九满,

有人问道:"九满,你扔过去的是什么法宝呀?有那么厉害!竟然将那恶狗给制服了!"

九满抿嘴一笑,不紧不慢地说:

"你们猜猜看!"

小伙伴们你一言我一语,猜了半天,始终未能猜着。

九满见他们一时猜不出来,便笑着解释道:

"那是一个刚刚用炭火烤熟的芋头!外面又黑又硬,里面则又烫又软又粘,恶狗一口咬住它,想吐,吐不出;想吞,又吞不下,它能不烫得满地打滚吗!"

同伴们听后哈哈大笑,同时对九满也更加佩服了。

书海"遨游"

在罗家塘私塾之后，九满又先后到月塘湾、洪家大屋、红米冲、花子塘等地私塾读书，差不多一年换一个地方。这其中最好的是洪家大屋。

所谓的洪家大屋，并非是一幢高大的房子，而是一户姓洪的大地主的宅院。

这所宅子占地广，宅子多，墙高院深，颇有气势，在当地也小有名气。

九满和洪家幼子洪赓扬同龄，加上品学兼优，当即被录取。

洪家大屋的教学环境和学习内容使九满耳目一新。教学的课程也和他前几年学的迥然不同，不再是枯燥无味的"子曰诗云"那一套。

他还学了国文、算术、自然、地理常识等新知识。

但私塾教育已远远满足不了九满的求知欲了，他只得如饥似渴地想办法借书看。

他经常去他的同学周祖三家借书。周祖三的父亲周瑞仙是中国同盟会会员，曾留学日本，后回国办教育，家中藏书很多。对于求知识的九满来说，简直就是发现了宝藏。

九满有一次在周家读书，因为太入迷，鞋被火盆烤煳了都不知道。

九满不但经常到周家读书，而且还经常借书回家看。

九满读书非常专心，从不浪费时间。不仅吃饭时看，而且放牛时也手不离书。

有一次，他在野外放牛，手里拿着书边看边走，一不小心书掉了。牛受到了惊吓，撒腿就跑，结果费了好大的劲才抓住牛缰绳。

九满在知识的海洋里尽情地遨游，他不仅广泛地阅读了中国历史上的许多优秀作品和历史书籍；还涉猎了许多西方的政治和科学；而且还了解了当时有名的维新派人物及其事迹，虽然对其改良主义的观点不甚理解，但引发了他对现实社会的思考。

他十分佩服维新派的英雄人物谭嗣同，立志要做一个顶天立地的大丈夫！

随着知识的不断积累，九满的视野逐渐开阔起来，对问题的认识也有自己独到的见解。

有一次，他和小伙伴们路过一个小庙，见山门两边写了一副对联：

"惠止南国，戴如北辰。"

其中一个小伙伴问：

"这是什么意思？"

于是你一言，我一语开始了讨论。但是始终没有说出让人满意的解释。

九满是个有心人，回到家后，立即翻书查证起来，直到弄懂了这副对子的含义。

第二天到学校后，当同学们又谈论起这副对子的时候，九满才胸有成竹地解释说：

"它反映了老百姓希望为官者勤政爱民、仁政廉明的意愿。人们对好官的爱戴如众星捧北斗一样。"他又旁征博引了《论语》中的"为政以德，譬如北辰，居其所而众星拱之"的语录。这样的解释使在场的小伙伴们心服口服。

由于九满整日废寝忘食地读书，积累了丰富的知识，谈起问题来，引经据典，颇有见地，再加上他在家又排行老九，所以小伙伴和乡邻们送了他一个雅号叫"刘九书柜"。这年他才十二岁。

"这就是你欺负人的下场"

九满十三岁时受到一次打击,就是他的父亲刘寿生因肺痨病久治不愈而去世了。

父亲的去世,使原本不太宽裕的家境艰难起来。可母亲没有放弃让九满读书,庄稼人认识一个朴素的真理:不读书就不会有大出息。

就在这时候外面的世界发生了天翻地覆的大变化:

1911年爆发了辛亥革命。

1912年清王朝被推翻,袁世凯逼迫孙中山退位,自己当上了国民政府临时大总统。

这一年,九满当兵的二哥刘云庭回家探亲,向家里人讲了外面的大变化,还带回来一套《辛亥革命始末记》。

九满听了二哥的"故事",又读了这套书,浑身热血澎湃,让姐姐为他剪掉了辫子,决心到外面去读新学堂,开阔视野,增长见识。

1913年,九满以总分第一的好成绩,考取了宁乡县水平最高的学

校——玉潭学校。

玉潭学校在离他家七十多里的宁乡县城，校内老师大多是师范毕业，受过维新改良运动和辛亥革命的影响。

学校课程有国文、史地、算术、物理、修身、英语、体育、图画等。

由于九满受到进步老师的影响，在学习之余他开始关心国家大事。

九满读私塾和玉潭学校用名都是"刘渭璜"。

他到玉潭学校后，学习也很好，成绩一直名列前茅。他还热衷于课外活动，打球、吹笛子、拉二胡，还练起了武术。

说到练武术，还有个小插曲。

九满考入玉潭学校的一个月后，他第一次回家。因为学习很累，人也瘦了不少，家里人见了都很心疼，特别是母亲叮嘱他要注意身体，别太用功了。

临返回学校，母亲把家里舍不得吃的腊肉、炸鱼装了一小篮子，让他带回学校补补身子。

没想到九满在返回学校路上却遇到一个小流氓，他欺负九满瘦弱，把那篮子食物硬是抢走了，气得九满眼泪差点没流出来。

但他没哭，没骂，而是暗下决心，锻炼好身体，练好武术，以抗强暴。

由于九满在学校学习了拳术，等寒假开学时，他再次遇上那个拦路抢东西的小流氓，就不害怕了。

小流氓哪里知道九满学会了拳术，又想抢他的菜篮子，可九满

却说：

"你不用抢，你打败我，我就把篮子给你。"

小流氓冷笑着打量着九满，说：

"你这小样儿还想和我比画比画？你那不是自找苦吃吗！"

可话音说完，九满已迅猛地冲过来，拳脚并发，三招两式，就把小流氓打趴下了。

九满提起篮子，对地上龇牙咧嘴大声喊疼的小流氓说：

"这就是你欺负人的下场！"

改名明志

由于国家动荡不安，九满想平静地读书也不能。

1915年5月，袁世凯为了让日本帮他当皇帝，接受了日本政府提出的"二十一条"，把中国主权大量出卖给日本。消息传出，立即天怒人怨，举国愤慨。

消息传到宁乡玉潭学校，九满和一些同学们激愤难平，刺破手指，写下"誓雪国耻，毋忘国耻"的血书。

玉潭学校的师生们率先举行罢课游行，声讨袁世凯，使宁乡其他一些学校纷纷响应，声势越来越大。

九满满腔的爱国热情被激发了出来，他成了运动中的骨干分子。

游行时他走在最前面，口号喊得最洪亮。

游行后，他还在闹市和同学们发表演讲，向群众宣传救国道理。

他还参加了抵制日货小组，同工商界爱国群众一道去封存日货。

他平时文质彬彬，稳重寡言，可演讲时却慷慨陈词。

抗议活动一连持续了好几天，宁静的小城里到处充满了热烈的爱国气氛，使十七岁的九满第一次经受了群众性政治风暴的洗礼。

为了表示保卫炎黄子孙，振兴中华民族的坚强决心，九满把自己的名字"刘渭璜"改为"刘卫黄"。

他在自己的课本、书籍、作业簿上，都用毛笔重新写上了"刘卫黄"这个新名字。

1915年12月，从北京传来袁世凯复辟帝制，即将登基当皇帝的消息，宁乡县城再次掀起了抗议的浪潮。

刘卫黄有了上次讨袁运动的经验，这次自然成为学生中的领导人物。

1916年3月，只做了八十三天皇帝梦的袁世凯，在全国人民的讨伐声中，被迫宣布取消帝制，随后一命归天。

这一年夏天，刘卫黄以全年级第一名的成绩，从宁乡县玉潭学校毕业了。

毕业后，刘卫黄当然还想继续求学。

于是，他就约了同学任克峻、贺执圭拿着老师梅治成的信，步行来到长沙。梅治成的信是写给长沙楚怡学校的主任教员何叔衡的，让他们需要时去找何叔衡寻求帮助。

到长沙后，他们先考取了长郡中学，因学校要收学费，又考上了长沙一中，最后听了驻长沙的宁乡中学校长黄锡类的建议，他们插入宁乡中学二年级就读。

进入宁乡中学后，刘卫黄就写些小品给《长沙晚报》《湖南晚报》，以图挣点稿费改善一下生活。

据刘卫黄的同学贺执圭回忆，他们在宁乡中学读书时就认识了毛泽东。因为周士钊是玉潭同学，比他们高一班，到长沙一师后，又与毛泽东同学。有时星期天，周士钊就和毛泽东一同到宁乡中学看他们。

在宁乡中学，刘卫黄一面学习各门课程，一面以极大的热情关注着时事政治和社会上的各种事件。

他进入宁乡中学不久，长沙市爆发了驱逐反动军阀汤芗铭的群众运动。

原来袁世凯死后，中国形成了军阀割据的混乱局面。汤芗铭以前是袁世凯忠实走狗，等袁世凯一垮台，他也遭到了人民的唾骂，以及护国军谭延闿部的武装讨伐。

刘卫黄也积极加入了这场驱逐汤芗铭的运动。

在湖南人民的愤怒反抗和护国军的猛烈打击下，汤芗铭仓皇逃出湖南。"驱汤"斗争获得胜利。

不久，北京政府任命谭延闿为湖南督军。

通过这场斗争，刘卫黄看到了群众力量的伟大，也认识到了军事和武力的重要。

1916年秋天，湖南督军谭延闿准备在长沙开办陆军讲武堂，培养军事人才。

认为军事可以救国的刘卫黄立刻决定前去报考，以实现投笔从戎、习武报国的理想。

于是，利用他二哥刘云庭向朋友借来的证件，刘卫黄顺利考上了陆军讲武堂。

可由于校舍的原因，陆军讲武堂一直拖到1917年3月才正式开学。

长沙陆军讲武堂学制一年半，半年补习文化，然后接受军事教育。

刘卫黄轻松地学完了文化课程，然后开始学习军事课程。刚学了一个多月，时局突变：

1917年8月，谭延闿被迫下台，北洋政府总理段祺瑞派他的亲信傅良佐接任湖南督军。

这时，孙中山领导的护法运动正风起云涌，护法军和北洋军打得不可开交。

1917年10月，战火烧到湖南，两军在长沙大战。

陆军讲武堂校址正是战场，很快被炸成废墟，学生们也各奔东西。

刘卫黄也只得闷闷不乐返回老家炭子冲。

外面兵荒马乱，家里人实在不放心刘卫黄再出去闯荡，就劝他老实地待在家里，希望他早日成家立业，老守田园。

但家里人留住他的身，怎能留住他的心。

他在家里坚持自学，有空闲还练习武术，准备有朝一日再出去闯天下。

这时他已二十岁，英姿勃勃，雄心勃勃。大丈夫当雄飞，安能雌伏？

1919年初，刘卫黄不顾家人反对，又一次来到长沙求学。

经过一番周折，在同学的帮助下，他顶替别人的名字，直接插入长沙市私立育才中学毕业班。打算弄到一张中学毕业文凭，再去报考大学。

然而，他在这所中学刚学习三个月左右，毕业考试快要开始的时候，伟大的五四运动爆发了。

五四运动是一场反帝反封建的爱国群众运动，先从北京爆发，很快席卷全国，声势浩大，轰轰烈烈。

5月中旬，北京大学学生邓中夏到长沙一些学校串联，长沙学生立刻奋起响应，纷纷组织游行示威。

刘卫黄毫不犹豫地投身这场运动，并成了运动中的骨干分子。

到6月，北京的学生运动再次掀起高潮，许多大城市工人、市民也纷纷组织罢工、罢市，声援北京学生。

消息传到长沙，满腔爱国热情的刘卫黄再也坐不住了，也不等领取毕业证书，便急急筹措了一些旅费，邀上几个同学踏上开赴北京的列车。

赴俄留学

刘卫黄和几个同学赶到北京正值放暑假，但仍有一些学生在示威游行，他们参加了游行，还在天安门、总统府门前露宿请愿。

由于是暑假，各大学都在招考新生。

刘卫黄报名参加了几所大学和军事院校的招生考试。

不久，他得到北京大学、陆军兽医学校等校的录取通知。

北京大学是他久已向往的高等学府，考取当然很高兴。可一打听，这个学校学制长，而且学费昂贵，他根本负担不起。

军事院校是免收学费，还提供食宿，但兽医专业实在不可心。刘卫黄考虑再三，只得放弃了在北京上大学的计划。

正在这时，在他面前又出现一条新路：

有个华法教育会正在组织青年学生分批去法国勤工俭学。

刘少奇跑去一打听，才知道华法教育会规定赴欧旅费一律自理。这是一笔不小的款项，他根本支付不了。

可他不死心，去找赴法勤工俭学的发起人李石曾、范源濂——当时正值五四运动，学生求见官员较容易。

他们让刘卫黄先到保定育德中学开设的留法高等工艺预备班学习，一面学习，一面等待安排去法国。

就这样，刘卫黄1919年9月间，进入保定育德中学留法预备班第三期学习。

这个预备班半工半读，不收学费，上午上课，下午劳动。学习内容包括法文、机械学和木工、钳工、锻工等技术，学期一年。

1920年6月，刘卫黄从育德中学留法预备班毕业。马上兴高采烈返回北京，向华法教育会申请去法国勤工俭学。

可是这时又出现意外：华法教育会这时规定留法的费用一概自负，而且钱数比一年前还增加了，原来曾有的政府补助等优惠已统统取消。

刘卫黄有点傻眼了，可还是不死心，决定赶紧回老家找亲友筹措。

偏赶这时候，皖系军阀段祺瑞和直系军阀曹锟、吴佩孚发动直皖战争，致使京汉铁路瘫痪，南下火车停开。

刘卫黄只得困留在北京，暂时寄居在一个同学家里，等候通车。

由于钱快花光了，他只能吃每月三元钱的包饭，成天处在半饥饿的状态。但他没灰心，每天仍坚持外出阅读报纸书刊，参加进步团体的各种活动。

就这样，度日如年地熬了两个来月，到8月，京汉铁路终于恢复通车。刘卫黄这才启程返回湖南老家。

就在刘卫黄求亲靠友，东挪西借筹措赴法经费时，有消息传来：华

法教育会通知各地停止办理学生赴法手续。

原来第一次世界大战结束后，法国大批军人转业，军工生产萎缩，劳动力由紧张转为过剩。有几百名已经到了法国的学生被强行遣送回国，没被遣送的学生也找不到工作。法国当局开始阻止中国学生入境。

白准备了，希望成空，刘卫黄甚感沮丧。

下一步怎么办？是在老家安分守己地过日子，还是继续奔波求索？刘卫黄毅然选择了后者。

这天，他从长沙《大公报》上读到一则消息：湖南成立了一个名为"俄罗斯研究会"的团体，可派人赴俄实地调查，提供留俄勤工俭学，赴俄学习旅费花费较少，到俄国后俄国政府可以优待，不致挨饿受冻，赴俄比赴法容易。

刘卫黄决定报名赴俄勤工俭学。

他从报刊和书籍上早就知道，俄国经过十月革命，列宁领导革命工人和士兵推翻了临时政府，建立起工农兵政权。

他还知道，在列宁领导的这个新国家没有剥削和压迫，工人农民当家做主人。

他觉得到这样的国家去勤工俭学甚至比去法国还要好。

于是他就去找"俄罗斯研究会"的负责人贺民范。

贺民范是该团体的公开负责人，另外还有几个实际组织者毛泽东、彭璜、何叔衡等。他们都在幕后，刘卫黄也不知道。

贺民范很热情地接见了刘卫黄，让他先去上海外国语学社学习俄语，学习后由那里统一组织赴俄勤工俭学。

20年代的刘少奇

贺民范还为刘卫黄写了封致上海外国语学社负责人杨明斋的推荐信。

刘卫黄很高兴，回家说服二哥刘云庭等为他张罗经费，又说服了母亲的劝阻。

1920年初冬的一天，刘卫黄和几个同学结伴买了船票先坐小火轮沿湘江到岳阳，转赴上海。

上海外国语学社是以陈独秀为首的共产党发起，在共产国际代表帮助下创办的，对外称培训赴俄留学生，实际上是一所培养共产党干部、党员的特殊学校。

刘卫黄在这里不仅学俄语，而且读到了马克思主义经典著作《共产党宣言》。

1921年4月，赴俄行程终于落实。包括刘卫黄、任弼时、萧劲光、罗亦农等十几名学员第一批赴俄。

由于奉系军阀张作霖的部下、黑龙江省督军鲍贵卿封闭了中俄边境，刘卫黄一行只能从海路先到被日本占领的海参崴，再坐火车前往莫斯科。

5月的一天，经过杨明斋的安排，刘卫黄一行带着介绍信和"做生意"的护照，由吴淞口坐船，离开上海经长崎前往海参崴。

船开了，他们是那样兴奋。

祖国的海岸线慢慢远去，他们又都感到一丝割裂开的惆怅。

他们都化了装，对旅途的艰险还是有心理准备的。

等到了海参崴，他们才知道准备得不充足，这里冰天雪地，寒冷刺骨，而他们这些来自中国南方的小伙子竟没带棉衣棉鞋。

他们虽然急急忙忙找个小旅店住下，可还是冻得浑身打颤，脸色灰白。

刚住下不久，有几个北洋军阀政府驻海参崴领事馆的人来到旅店，把刘卫黄、吴芳等几个年龄稍大点的学员带到领事馆。

他们误把刘卫黄等人当成孙中山政府派来苏俄的了。

刘卫黄心里也有些发毛，可表面却强自镇静。

在审问他们的时候，他沉着应对，说自己是裁缝。正好在留法预备班实习时手上磨出的老茧还在，对方信以为真。

轮到别人，有刘卫黄仗胆，做出了榜样，他们也应对自如，都说是做什么手艺的，不露破绽。

就这样，一场惊险过去了，他们被放了。

很快，他们与共产国际驻海参崴秘密联络机关的工作人员、海参崴大学教授伊凡诺夫接上头，并出示了介绍信。

伊凡诺夫给他们每人发了一张用俄文打印的秘密通行证，安排他们乘上了去伯力的火车。

伊凡诺夫告诉他们通行证一定要保存好，万一被日本人、张作霖的人、白匪军发现就有生命危险。

火车慢腾腾爬了一天，才到达乌苏里。这里是红白交界地，伊曼河大桥横贯南北，桥南是白区，桥北是赤色区域。各要口都有日本兵把守着，旅客都得通过严格检查。

刘卫黄一行分散在人群里，等过了检查组，集合点检人数，发现少了任弼时。

他们又焦急又无奈，都为任弼时担心，还可得继续前行。

就在这时候，暮色中一辆不打灯也不鸣笛的火车缓缓驶来。刘卫黄一挥手，示意大家快上车。

于是他们攀上了这辆只有三节车厢的火车。

列车人员便上来盘问他们，用俄语问：

"你们是什么人？要到哪里去？"

刘卫黄等人见对方身上没有什么标志，怀疑是白匪，回答便有吞吞吐吐。

这立即引起列车人员的戒备，又有几个人过来，掏出枪对准他们。有人严厉地说：

"说！到底是干什么的？不说就枪毙你们！"

还有两个人上来对他们搜身，可能是想知道他们有没有带枪。

他们顿时紧张起来，万一被搜出秘密通行证，那就更危险了。

有一个同学想把通行证悄悄丢掉，但被发现，让对方夺了过去。

"哈哈哈哈！"

那人一看秘密通行证，突然扬声大笑起来，然后亮出了赤卫军的标志。

是红军！

刘卫黄等人高兴得欢呼起来，纷纷掏出秘密通行证，眼睛里闪着激动的泪花。

看过他们的通行证，他们被安排到最好的车厢休息。吃了红军提供的食物，还香甜地睡了一觉。

他来到伯力时，任弼时也随后赶到，与他们会合了。任弼时在检查站因挨冻后感冒发烧，被怀疑得了鼠疫扣留下来。等给他量体温时，他把体温表偷偷夹在腋窝外面一点，使得量出来的体温是正常的，这才把他放行了。

从伯力到莫斯科本来可以坐火车经赤塔直走，可由于铁路由于战争的破坏不通畅，他们决定分两路走：刘卫黄、萧劲光等乘轮船先到海兰泡，再坐火车去赤塔；任弼时、罗亦农等留下来继续等火车。

从伯力到海兰泡的这段水路并不安全，船在黑龙江航道上行进，常常会遇到中国军阀军队的鸣枪恫吓和强令停航检查。

一路提心吊胆，总算到了海兰泡。

他们在当地红军的安排下乘上开往赤塔的火车。

火车行驶不久，到了一个小站，他们下车来到当地红军司令部与任弼时他们会合了。

这个司令部属下有一个华侨组成的中国支队，队长相中了他们这些来自国内的有文化的年轻人，要求他们放弃去莫斯科，留在他的支队里工作。

由于这支队长态度坚决，他们只好答应了。

可部队增加五个人以上要得到司令员批准。

司令员都赞同他们去莫斯科，说仗已打得差不了，让小伙子们去莫斯科会有更好的发展。于是安排他们重新踏上奔赴莫斯科的旅途。

他们这次乘坐的是一列装货物的闷罐车，车厢里冷得像冰窖，他们只能紧紧地挤在一起。

他们要乘坐这列破车穿越西伯利亚，前往莫斯科。

他们吃的是随身带的黑面包，渴了就吃几口从雪原上捧来的白雪——一直冷到心窝，好像牙齿都要被冻下来。

由于供煤不足，这列火车要靠烧木柴作动力，当然快不起来。车上木柴存放不了多少，途中他们还得下车帮列车人员搬运木柴。

由于途中还有残余白匪的袭扰和破坏，列车人员一面要还击白匪，不让他们抢劫火车；另一面还得停车修复被破坏的铁路。

刘卫黄等人不论是搬运木柴，还是帮助修复欠路，都十分积极。

火车到赤塔后得到一点补给，可余下的路程仍旧艰辛。越往西走，战争的创痕越明显，满目疮痍，冻尸饿殍，惨不忍睹。

1921年7月9日，在经过近三个月的艰险旅程后，刘卫黄等人到达莫斯科。这时正赶上共产国际第三次代表大会在莫斯科召开，中国代表张太雷为他们搞到入场券，让他们轮流进去旁听大会。

当他们看到主席台上坐着的世界无产阶级革命导师列宁时，心情十分激动。

大会一结束，刘卫黄等人即被分配到刚成立不久的莫斯科东方劳动者共产主义大学学习。

斯大林任这所大学校长，学员有来自远东各国的革命青年，也有苏俄远东各少数民族的干部。

由于中国学生人多，单独编为中国班，有刘卫黄、罗亦农、任弼时等近四十人。

课程大都由俄国教师任教。内容很多，有《共产党宣言》《共产主义ＡＢＣ》《青年团的任务》、俄共党史、国际共产主义运动史、西方革命史、中国革命史、哲学、政治经济学等。

他们由于俄文、俄语不过关，学得十分辛苦，而更苦的还是学校生活方面。

由于苏俄当时正处在严重的经济困难时期，生活资料极端缺乏，饥荒现象随处可见。苏维埃政府不得不在全国实行战时共产主义政策，生活必需品按人头配给。

东方大学的外国学员享受红军士兵的待遇，每人每天一磅半黑面包，有两个手掌合起来那么大，只够两顿吃半饱。

中午吃饭时有一个清汤，最幸运的人能在汤里发现一点土豆条或海草。

由于长时间饥饿，浑身无力，这些小伙子们上到四楼还要歇几歇，谁也不能一口气走到顶。

衣服鞋子大都是欧洲工人捐献的，不管合不合身，合不合脚，发给什么穿什么。

冬天夜间里没有暖气和别的取暖设施。每人多发一套薄麻布黄军装、一件军大衣、一条皮带、一顶尖尖的戴着红五星的帽子。

晚上同学们要轮流到处面站岗放哨，回来连衣服也不脱，倒下就睡，顶多再盖一条毯子。

所以这里与其说是一所大学，倒不如说是一座条件艰苦的兵营。

1921年冬，中国共产党的组织开始在东方大学中国班发展成员。刘

卫黄、罗亦农、彭述之、卜士奇、吴芳等已经是社会主义青年团员，就第一批转为共产党员，组成中国共产党在莫斯科的第一个党组织，加入东方大学总支部。刘卫黄还担任支部委员。

从此，刘卫黄确定了自己的人生观，那就是为壮丽的共产主义事业奋斗终生，为全人类谋幸福。

一身是胆

1922年春，刘少奇（刘卫黄后改名）等几个人根据工作需要被派回上海。他们按照东方大学给的地址，很快同上海的中国共产党组织接上头，接着又同中共中央机关取得了联系。

1922年7月下旬，陈独秀派刘少奇回湖南工作，指定他任中共湘区执行委员会委员。还让他把中共二大的文件带给湖南党组织。

湖南这时已有毛泽东、何叔衡、李立三、易礼容、夏明翰、郭亮、李六如等一批共产党人。

毛泽东是中共湘区执行委员会的书记。

8月初，刘少奇回到湖南。他到长沙后，先到清水塘找中共湘区委接头，同毛泽东见了面。

毛泽东对刘少奇赴俄留学的经历很感兴趣，问道：

"你们是怎样到苏俄去的？"

刘少奇说：

"我们是经过贺民范介绍加入了社会主义青年团,又经他介绍到上海外国语学社的杨明斋,后来学了不长时间俄语,就经杨明斋介绍到苏俄去了。"

毛泽东说:

"现在贺民范已不听话了,让大家把他从船山学校赶走了。这样,我们才能利用船山学校,改办为自修大学呀。"

刘少奇说:

"我请求组织分配给我工作。"

毛泽东说:

"你不要着急呀!先熟悉一下情况,工作是有的,就怕你做不过来呀!"

安源路矿罢工

经过一段时间的了解，刘少奇知道，中共湘区委成立后，同全党一样，以主要力量投入到工人运动中去。

1922年9月5日，刘少奇和李立三、易礼容一起，出席长沙泥木工会成立大会。动员工人们声援准备罢工的织造工人运动。刘少奇在会发言，提出很好的提议，以其不凡的思想受到重视。

这时，粤汉铁路工人也在酝酿罢工。中共湘区委已派郭亮在岳阳发动。接着，刘少奇被派到长沙沿线组织配合，毛泽东则直接指导长沙、新河两个车站的斗争。

9月9日，粤汉铁路武汉至长沙段三千多工人全线罢工，要求当局撤换虐待工人的工头并提高工资。

9月10日，郭亮在岳阳率领工人卧轨拦车，粤汉铁路顿时全线瘫痪。

恰在这时，战斗在粤汉铁路罢工第一线的刘少奇接到刚从安源赶回长沙的毛泽东的通知：

安源路矿的工人酝酿爆发一场更大规模的罢工斗争，迫切需要加强那里的领导力量，要刘少奇迅速前往安源。

9月11日，刘少奇急风快火般来到安源。获知当天，安源路矿俱乐部（即工会，以此名称作掩护）向路矿当局提出了三项要求：

一、路矿两局须呈请行政官厅出面保护俱乐部；

二、路矿两局每月须津贴俱乐部两百元；

三、将从前积欠工人存饷一律发清。

同时提出：限路矿当局两日内完全答复，如不圆满答复即行罢工。

到了9月12日中午的规定时间，路矿当局仍未做出答复。工人们愤怒的情绪要爆发了！

当晚，李立三、刘少奇决定召开紧急会议，做出最后的决策。会上决定成立罢工总指挥部，由李立三任幕后总指挥，刘少奇为工人俱乐部全权代表，长住俱乐部工作。

会议结束后，俱乐部通过各种形式，紧张地进行罢工的最后准备。

13日晚，路矿当局对于俱乐部再次提出的条件，仍不给予答复。

午夜12时，按照工人俱乐部发出的命令，

火车汽笛长鸣，发出大罢工的信号。随后安源修理厂、洗煤台、制造厂、炼焦等处的工人都停止了工作。

工人们涌出矿井、工棚、厂房高举斧头、岩尖，高呼口号，惊天动地。

14日，工人俱乐部发表了《萍乡安源路矿工人罢工宣言》，在宣言中提出十七项条件。

罢工后，刘少奇针对路矿当局由包工头出面拉拢、收买和引诱一些工人想复工的情况，果断地组织人贴出了"不做工贼""打倒工贼"的标语。同时发挥工人监察队的作用，挫败了敌人的阴谋。

总监工王鸿卿一计不成，又生一计，他一面悬赏六百大洋刺杀李立三，另一面用金钱请来军队为他助阵，企图用武力镇压迫使工人们屈服。

9月15日，王鸿卿领着一个营长和一些士兵，气势汹汹地来到俱乐部。他大喊大叫说：

"你们李主任呢？我是来和他谈判的，让他出来！"

一个工人监察队员说：

"李主任有事出去了。"

王鸿卿又问：

"那你们这里谁管事？"

刘少奇走了出来，从容不迫地说：

"这里暂时由我管事。"

"你是什么人？"王鸿卿问。

刘少奇答道：

"工人代表。"

敌营长掏出手枪，在刘少奇眼前晃动着，冷冷地说：

"你是代表？好啊！我们就对你说。戒严司令部有命令，要你们工人马上复工！"

刘少奇说：

"条件不答应，我们不能复工！"

敌营长把手枪顶在刘少奇胸前，吼道：

"你再说我毙了你！"

刘少奇面不改色，说：

"你可以杀了我，但那千千万万的工人你们都能杀了吗？况且我们罢工严守秩序，又犯了什么法！"

敌营长大怒，道：

"你们违反戒严司令部的命令，就是犯法！来人！把他给我带走！"

但俱乐部大门外已经变成工人的海洋，愤怒的工人们的口号声像海浪的咆哮，他们知道若强行带走刘少奇势必性命难保，只好灰溜溜地逃回去了。

16日，矿长李寿铨、副矿长舒修泰和戒严司令李鸿程派人到俱乐部，约请工人全权代表到戒严司令部去谈判。

刘少奇想了想，答应亲自前往。

当工人们得到刘少奇要亲自去谈判时，都劝他不要去，怕有危险。

可刘少奇却说：

"我身后有千万工人兄弟撑腰，我怕什么！"

毅然前往戒严司令部。

戒严司令李鸿程见到刘少奇进了屋，给他来个下马威，说：

"你们罢工作乱，我先把你这个挑头的正法！"

刘少奇坐到给他留的空椅子上，说：

"万余工人提出的要求，你们杀了我一个人就能解决问题了？"

李鸿程冷道：

"我有万余军队，对付不了那万余工人？"

刘少奇说：

"如果你们对付得了，也不会让我来这里谈判了。"

李鸿程被顶得老脸通红，正欲发作，旁边的矿长李寿铨干咳一声，忙说：

"李司令你先消消气。"转对刘少奇，说：

"希望你们劝说工人先复工，条件嘛好商量。"

刘少奇说：

"我们的态度不会变，不答应条件决不复工！矿方不想磋商，我们也不急于解决。"

也许是怕时间长了刘少奇发生意外，外面的工人发出怒吼，让矿方交出刘少奇，不然就要采取行动。

矿方只好说改日再行谈判，把刘少奇放了。

17日，路矿两局和俱乐部的全权代表，并邀请绅商县代表参加，再次举行谈判。在谈判桌上，刘少奇和李立三据理力争，到18日双方终于达成十三条协议，并在路局机力处正式签字。

工人俱乐部提出的条件几乎全部实现，坚持五天的大罢工取得完全胜利。

罢工胜利使工人们兴高采烈，在俱乐部的召集下，9月18日下午举行了全体工人庆祝大会。

安源罢工，使刘少奇名声大振。工人们说他"一身是胆"，还编了题为《劳工记》的歌谣，其中有这样的句子：

> 明知山中出猛虎，
> 岂肯贪生又怕死。
> 偏偏要向虎山行，
> 贪生怕死枉为人。
> 少奇下了坚决心，

特到安源办工运。

任他把我为甚难，

不畏汤火与刀山。

少奇同志好胆量，

我往矿局走一趟。

代表全体众工人，

见机而作把事行。

五卅运动

　　1922年秋天，刘少奇到长沙清水塘向毛泽东汇报安源工人运动的情况，在毛泽东家里认识了一位叫何葆珍的姑娘。

　　何葆珍1902年出生在湖南道县城关镇的一个小商贩家庭，1918年考入衡阳第三女子师范学校，1922年加入社会主义青年团，同年9月因领导学潮被校方开除。经过学校党组织联系，她来到长沙中共湘区委员会，住在清水塘，被安排到湖南自修大学学习。

　　刘少奇汇报党工作，毛泽东、杨开慧了解到安源缺少女干部特别是文化教员，就分配何葆珍去安源工作。

　　于是刘少奇和何葆珍回到安源。

　　何葆珍担任了安源路矿工人俱乐部子弟学校教员，兼任工人俱乐部书报科委员，1923年春加入中国共产党。

　　何葆珍工作认真，热情活泼，深受工人们尊敬和喜爱。

　　在共同的革命斗争中，刘少奇和何葆珍建立了深厚感情。

1923年4月中旬，刘少奇、何葆珍在工人俱乐部举行了简朴而热闹的婚礼。

1923年8月16日，安源路矿工人俱乐部举行换届改选，正式选举刘少奇为俱乐部总主任。

他当上总主任后，工人们要给他每月二百银洋当工资，可他说每月有十五元生活费就够了。工人们不理解，以为是他嫌少，还要多加一百元。

刘少奇就召开工人代表会议，说：

"你们不要怀疑我搞什么名堂，我们共产党人搞革命一不图名，二不图利，是为了解放全中国，要建设工人农民当家做主的新社会，要搞共产主义。"

就这样，工人们才没有给他高薪。

因为工作需要，1925年春，刘少奇夫妇来到广州，筹备召开第二次全国劳动大会。

他们只好把出生才几个月的儿子（刘允斌）托亲属带回宁乡老家抚养。

1925年5月2日，第二次全国劳动大会和广东省第一次农民代表大会在广州大学大礼堂共同举行开幕式。

这次大会的主要功绩就是成立了中华全国总工会。

5月7日，执行委员会开会，推举海员出身的工人领袖林伟民为中华全国总工会执行委员会委员长，刘少奇和刘文松为副委员长。

刘少奇由担负地区领导工作而成为全国工人运动重要领袖。

这次大会召开得非常适时。

5月15日，上海的日本纱厂中发生了枪杀工人顾正红和打伤工人十多人的事件。在中国共产党的领导下，上海各界群众举行示威游行，抗议帝国主义及资本家的暴行。

5月30日，在上海南京路老闸巡捕房前面，丧心病狂的英国巡捕竟向手无寸铁的示威群众开枪围捕，当场打死爱国学生五人、爱国市民十一人、重伤十五人，逮捕五十三人，这就是震惊中外的"五卅"惨案。

鲜血的教训唤醒了中国人民！在中国共产党的领导下，反帝革命运动"五卅"运动的怒潮被掀起，由上海而至全国，由城市而及乡村，中国第一次大革命高潮到来了。

五卅运动

在"五卅"运动爆发的当晚，中共中央召开紧急会议，决定组织行动委员会，建立反帝统一战线，把斗争大力地扩大到社会各阶层人民中去，并号召上海人民举行"三罢"斗争，即罢工、罢课、罢市。

刘少奇是在"五卅"运动前夕来到上海的，此前，他成功地领导了安源路矿工人大罢工，名声大振。他一到上海就投入到了领导"五卅"运动的斗争中。

5月31日晚，在蔡和森、瞿秋白、刘少奇、李立三等领导下，上海有组织的二十多万工人成立了上海总工会。刘少奇受命担任上海刚刚成立的总工会总务主任，负责总工会的日常工作。

由于上海总工会委员长李立三忙于领导上海工商联合会的工作，使上海总工会内部工作的领导责任全部落到了刘少奇肩上。

6月1日，上海总工会发表成立宣言和《告全体工友书》，宣布要为反对帝国主义屠杀中国人民而举行总同盟罢工。不仅工人，上海的学生和商人，也热烈地响应这一号召。

从6月1日到18日，在轰轰烈烈的"三罢"斗争中，工人阶级走在最前列，罢工人数达二十多万。参加罢工的绝大多数是英、日帝国主义企业中的工人，包括电灯公司、电话公司、电车公司、自来水公司、纱厂、船厂、印刷厂、洋行的工人以及海员、码头工人、清道夫等。

工人阶级的大罢工，推动了上海各革命阶级和阶层的反帝斗争。五万多学生参加罢课，绝大部分商人投入罢市，甚至公共租界的华捕也有半数罢岗。

刘少奇对当时的情况曾作这样的描述：

此时上海工人无人做工，商店罢市，轮渡不通，车马断绝、交通为之梗阻……同时上海学生亦一律罢课，即各教会学校也都加入。那时我们到上海马路上一看，只见满街贴的是反帝国主义的标语、口号、图画；处处都有游行的、演讲的、募捐的、演戏的，闹个不休，个个人都忙着反对帝国主义的工作。

6月7日，由上海总工会出面号召上海学生联合会、上海各马路商界联合会，成立以工人为主体，联合各界反帝力量的"工商学联合会"，作为全市反帝运动的统一领导机关，进行指挥和各种联络工作。这样，便由工商学联合会统一提出了与帝国主义交涉的十七项条件，其主要内容是取消领事裁判权，永远撤退英国驻扎在中国的海陆军，中国人在租界内有言论、集会、出版的绝对自由，要求惩凶、赔款、道歉，撤销"增加码头捐"、"交易所注册"等。

6月11日，上海工商学联合会举行了有二十万人参加，以实现十七项条件为主要内容的市民反帝大会。刘少奇深入地组织并参加了这次大会。

会后举行了声势浩大的示威游行。刘少奇极其欣喜地看到，上海人民的反帝斗争正一浪高过一浪，奔腾向前。

其意义正如宋庆龄当时所说：

"中国人民能一致起而反抗英捕房之暴行，在上海实为第一次。这一大觉悟，关系国家与民族前途之大，不可视为上海一隅之交涉，或数日之冲突也"。宜趁此时唤起全国人之民族精神，"共起奋斗，为民族争独立，为人权争保障"。

"东山崩裂，洛钟响应。"

刘少奇等领导的"五卅"运动，推动了全国反帝运动的发展，中国近代史上空前未有的大革命风暴迅速由上海席卷全国。

从6月2日起，到8月间，北京、天津、唐山、沈阳、哈尔滨、安东、开封、郑州、焦作、济南、青岛、安庆、芜湖、南京、镇江、杭州、宁波、福州、厦门、武汉、长沙、南昌、九江、广州、汕头、江门、香港、重庆、成都以至山西、陕西、绥远、云南、广西等地，先后有一千七百多万人民群众汇入反帝洪流，举行罢工、罢课、罢市和游行示威。

镇江、唐山、郑州召开了数万人的大会；南京、长沙召开了十万人的大会；北京召开了三次大会，第一次五万人，第二次二十五万人，第三次三十万人。群众性的抵制英货、日货运动遍及各地，"打倒帝国主义""取消不平等条约""撤退外国驻华军队""收回租界"等口号深入人心，沉重地打击了帝国主义在华的侵略势力。

在指导"五卅"运动中，刘少奇以其领导工人运动的经验，坚持认为，工人罢工须有良好组织，否则一经外力压迫，即自行涣散。他要上海二十万罢工工友一定要严密组织起来，不管其他各界的情况如何，工人阶级要能独立地坚持罢工到底。

面对中国人民争取民族解放的激烈反抗，帝国主义者为了保住他们在华的统治地位和利益，一方面继续采取武力压迫的政策，在中国大地上制造了一次又一次的血案，另一方面也感到单纯的枪炮政策已不像过去那样灵了，需要改变一点手段，实行诱压兼施的收买政策，以便使中

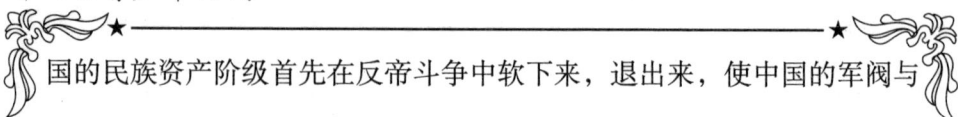

国的民族资产阶级首先在反帝斗争中软下来，退出来，使中国的军阀与买办阶级尽快出来破坏与压迫群众的这场反帝斗争。帝国主义者的这一手，慢慢地起了作用。

随着"五卅"反帝爱国运动的发展，民族资产阶级开始暴露出它固有的动摇性，运动愈深入，时间愈长，民族资产阶级的动摇性就越严重。

面对这种情况，无产阶级怎么办？

刘少奇坚持了无产阶级的独立性，领导几十万工人同民族资产阶级的这种动摇性作坚决斗争，以免它影响这场空前未有的反帝斗争。

当时，代表大资产阶级的总商会，在买办资产阶级代表虞洽卿的左右下，从他们的阶级私利出发，把原来提出的十七项条件降为十三项，删去了取消领事裁判权、撤退外国军队、工人有组织工会和罢工的自由等重要反帝内容。

帝国主义一方面提出进行"司法调查"和召开"关税会议"来诱惑民族资产阶级，一方面又以停止借款、通汇，停止运输和电力供应相威胁。国民党右派分子戴季陶提出"友谊协商"、"缩小范围"，对帝国主义表现出妥协。

针对这种情况，刘少奇、李立三等领导上海总工会，于6月13日召开各工会代表会议，否定了上海总商会的做法，并提出抗议。

6月19日，总商会又做出单独停止罢市，将在6月下旬实现开市的决议。民族资产阶级和上海学生联合会中代表资产阶级的分子，接受了这一意见。"五卅"运动中建立起来的反帝爱国的联合统一战线，开始遭

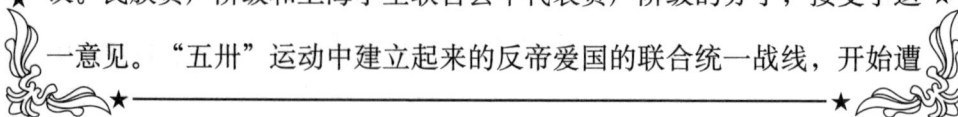

到破坏。

刘少奇、李立三等领导上海的工人进一步开展了反对总商会单独开市的斗争。6月26日，刘少奇主持召开上海总工会代表会议，提出依靠自己的力量，加强工人阶级内部团结，继续坚持反帝斗争的一系列问题，要求大会进行讨论，大会最后做出了商界开市，工界决不同意，工界要坚决斗争到底等七项决议。

为了使上海工人的罢工得到国际方面的支持，刘少奇于6月23日致电赤色职工国际及苏、捷、英、法、日等国的三十六个工人团体，呼吁支持中国工人的斗争，并与李立三一起于6月26日致电英工团，表示欢迎派人来沪调查"五卅"惨案真相。

8月1日，他接待了全俄职业联合会代表，向他们介绍说，这次运动，实际是为谋求民族解放运动，参加者有商人、学生、工人，尤以工人为主力军。

刘少奇在领导"五卅"运动中，不仅有坚定的立场，而且注意斗争的灵活性。当奉系军阀进入上海欲镇压民众运动的时候，开始因慑于当时声势浩大的反帝浪潮，不得不故作姿态，拨款给学生联合会，表示是来防御外敌的。

接着就逐渐露出了马脚，他们从7月下旬起，逐个封闭了工商学联合会、海员工会、洋务工会等民众团体。上海数十万工人的罢工苦斗已支持两个多月，不仅日益感到救济金的缺乏，而且因为受到奉系军阀的严重阻挠和摧残，很难支持下去。加上在资产阶级停止罢市后不久，接着便是暑假，学生纷纷离校，回家度假，上海学生联合会的力量大为减弱，工人阶级的斗争形势日渐不利。

鉴于这种情况，8月上旬，为了保存工人革命实力，中共中央做出关于有组织、有条件地复工的指示。刘少奇在领导上海总工会的工作中积极贯彻了中央的这一指示。上海总工会当即发表宣言，正式提出九条复工条件：

（一）无条件交回上海会审公堂；

（二）租界华人须与外国人有同等参政权利；

（三）租界内出版、言论、集会、结社自由；

（四）承认工人有自由组织工会的权利，工会有代表工人的权利。

（五）工人一体复工，不得开除罢工工人；

（六）发给罢工工人在罢工期间的工资50%；

（七）增加工资65%，工资一律发大洋；

（八）优待工人，尤须改善女工童工的工作条件；

（九）给死伤的学生和工人以赔偿。

从8月下旬到9月中旬，刘少奇四处奔走，分别召开华商纱厂、日商纱厂、英商纱厂的工人代表会议，努力做关于复工的耐心教育工作，反复阐述实行这种转变的必要性，阐述领导者不仅要有革命的坚定性，还必须具有根据情况的变化及时改变斗争策略的灵活性。所以要复工，是为了能够更好地继续以后的斗争。

他还针对工人中有人对复工条件提得过高的问题指出，与其提出厉害的条件，不得解决，受到各方面的压迫而失败，倒不如先提出较小的条件以得胜利。

刘少奇还同各厂的工人代表一起，仔细地研究了每一个工厂的复工条件。经过刘少奇艰苦细致的工作，在上海的总工会的统率和指挥下，中共中央向上海工人阶级提出的有利于保存革命实力，巩固已有胜利、有利于为进行长期斗争作必要准备。

在"五卅"运动中，由于刘少奇等人的杰出领导，上海总工会发挥了重大作用。中华全国总工会的秘书长兼宣传部长邓中夏曾作了这样的记载：

上海工人在此次运动中，组织了一个上海总工会；河南工人组织河南全省总工会；济南工人组织济南总工会；天津工人组织天津总工会；就是历代帝王之都专制压迫成为惯性的北京工人也组织了北京总工会。这些地方的总组织，从前都没有，都是"五卅"后才产生的。其中尤以上海总工会为最有成绩。上海从前招牌工会倒不下二三十，有组织的工人不过二万人。"五卅"后，工会增加到七十余个，有组织的工人实数增加至二十万余人，同性质的产业工会还组织联合会，如纱厂总工会、铁厂总工会、印刷总工会之类。这些工会统统在上海总工会统率和指导之下。

正因为这样，敌人对上海总工会特别地仇恨，加紧了对上海总工会的种种破坏。他们不惜动用流氓手段，把罪恶的魔爪直接伸向上海总工会，准备在8月22日捣毁它，杀害李立三和刘少奇等人，使上海工会因

此垮台。

这天下午，他们先让一个已被上海总工会开除的工贼，到共和新路上海总工会所在地刺探情况，并设法缠住李立三等人，以等待大批打手前来。

机警的李立三发觉此人一反常态，对他大献殷勤，对以前的事表示悔过，絮絮叨叨没完没了，就托词出来，向刘少奇使了个眼色。刘少奇会意，若无其事地跟出来。走到僻静处，李立三把情况三言两语急急告诉了刘少奇，要刘少奇赶紧去调工人纠察队来保护总工会并向党中央汇报情况。

李立三自己赶紧返回来，叫会计等人把现金、账册、文件等尽快收藏。这时，工贼周仲华纠集打手一百多人，携带手枪、铁棒等凶器，已把总工会团团围住，一些人已"乒乒乓乓"打进来。李立三再要出去已来不及，就从楼上气窗口爬上屋顶逃出险地。

打手们如狼似虎冲进总工会，一边嚎叫，一边乱打，见人就打，见物就砸，当场打伤总工会工作人员七八人，办公室里被捣得一片狼藉。

他们没有能对李立三和刘少奇下得毒手，便更疯狂地乱掀乱砸一通，然后呼啸着扬长而去。等到李立三、刘少奇带领工人纠察队赶到时，那些家伙早已无影无踪。大家七手八脚，扶的扶、抬的抬、包扎的包扎，将七八位受伤的人员火速送到医院治疗。

刘少奇和李立三看到现场这番情形，不觉怒火中烧。李立三当即到淞沪戒严司令部提出强烈抗议，要他们来做彻底调查。

刘少奇也立即主持起草和发布了上海总工会的《檄告全体工人》文

告，揭露敌人捣毁上海总工会，企图打死工人领袖的罪恶目的，声明总工会职员是替全体工友谋利益的，决不怕死，打死一个还有十个，打死十个还有百个、千个、万个，宣布上海总工会是砸不烂的，它决不会退缩，当日依旧照常办公。

敌人的可耻行径，吓不住几经风险的刘少奇等人。在稍事整理后，刘少奇和李立三等于次日，都穿得整整齐齐，精神饱满地在上海总工会的办公室里坐镇。

8月24日，刘少奇到淞沪戒严司令部，谈判如何解决工人罢工及流氓捣毁上海总工会一案。刘少奇据理力争，再现了他在领导安源工人运动中的威严气概，在敌人面前，他是一个强硬的谈判对手。

他陪同上海地方检察厅派出的检察官，勘查上海总工会被毁和工人人员被打伤情况，严正要求检察厅依法查办。工人群众为刘少奇等人这种大无畏精神所感动，各工会组织都派来代表进行慰问。

但是这些情况并不表明上海总工会的恶劣处境已经改变，事实上危险越来越大，谁也无法预料敌人将怎样行动。总工会领导人刘少奇等人的安全，处在朝夕可虑之中。

8月27日，李立三奉中共中央之命去北京，办理"催促北京政府颁布工会条例"等事项。总工会各办事处的负责人刘贯之、孙良惠、刘华等，都受到了敌人的严密监视，行动已经很不方便。总工会的各项工作，都由刘少奇责无旁贷地承担起来。

9月7日，英国巡捕又打伤了在爱多亚路示威游行的工人。这一天是"辛丑条约"二十四周年国耻纪念日。

虽然组织者曾因故临时变更行动日期，但仍然有"不期而会"的二十多万人参加了示威游行。上海的工人阶级，更在其中表现出了足以使敌人心惊胆战的力量。所以，灭绝人性的帝国主义者，竟又不顾一切地采取凶残的武力手段，以安其栗栗危惧之心。

刘少奇难抑冲天怒火，即于第二天主持上海总工会所属和工会代表大会，严正地揭露了英帝国主义继续逞凶施暴，再添血债的犯罪事实。

会议决定：由上海总工会派代表与社会各人民团体组织联络，请求一致援助；由上海总工会联合各人民团体，派代表向官厅请愿，要求提出严正交涉；坚持并争取扩大英商工厂的罢工，不达胜利不止；所有已复工的工友，每人每月捐出一天的工资，帮助英商工厂的罢工工友。

9月10日，刘少奇又主持召开英商工厂工人代表大会。他在讲话中指出，9月7日英国巡捕又在爱多亚路枪杀我工人，因此，尽管华商工厂和日商工厂的工人都已复工，英商工厂的工人罢工一定还要坚持下去。

他义愤填膺地说，我们受英帝国主义的许多压迫，许多残害，这是我们不上工的第一个理由！工人的经济条件还没有满足，政治上的要求也没有答复，这是我们不能上工的第二个理由！

在刘少奇的有力指导下，英商工厂的工人依然保持了罢工战斗的旺盛精神。这场斗争一直坚持到9月底，直到英厂资本家被迫答应工人的七条复工条件，工人才恢复上工。

"九七"事件以后，中外的反动势力加强互相勾结，以达到各自的罪恶目的，中国的统治阶级也靠着帝国主义的淫威来加紧压迫革命。军阀官厅下令禁止一切集会，禁止罢工，解散工会，种种手段无所不用其极，使得蓬蓬勃勃发展起来的反帝爱国运动在上海受到严重的挫折。

9月18日，淞沪戒严司令部及淞沪警察厅，奉北京奉系军阀政府命令，强行封闭上海总工会，逮捕了总工会职员刘贯之、杨剑虹；通缉总工会领导人李立三、刘少奇等；并限上海总工会所属一百二十多个分工会，即日自行解散。

这时，刘少奇又毫无畏惧地领导产业工会进行了反封闭斗争。上海总工会致电北京政府、广州国民政府及各人民团体各报馆，指出，上海总工会是上海二十万爱国工人的组织，成立已经四个月，参加爱国运动，维持罢工秩序，严守法律，绝无轨外行动。

现当外交垂危，正赖民气为后盾，可上海地方当局的长官们，竟无端加以摧残，让二十万工人失去维系，给地方治安留下隐忧，且予爱国运动以重大打击，使外强得以乘机施逞，因而要求主持公道，实力援助。

刘少奇召集秘密会议，讨论了对于总工会被封，刘贯之、杨剑虹被捕及工人被开除等事的抗议办法。

令刘少奇极其愤怒和焦烦于心的事情，接二连三地传来。反动军阀不仅在上海破坏、打击、封闭上海总工会，也在其他地方破坏、打击、封闭工人的工会组织，甚至杀害工会领袖。

这时从安源就传来了震惊全国的"九月惨案"，汉冶萍公司总经理盛恩颐，在日本帝国主义的指使下，到安源勾结赣西镇守使署，派出反动军队突然于9月21日深夜封闭了安源路矿工人俱乐部，逮捕了俱乐部副主任黄静源等七八十人。

第二天反动军队又下矿井对反抗的工人开枪行凶，打死三人，伤数十人。接着还封闭了紫家冲、株州两个分部，开除工人一千二百多人。

10月中旬，军阀刽子手竟在刘少奇战斗过的地方，安源工人俱乐部广场上野蛮地杀害了俱乐部副主任黄静源，而指挥行凶的就是那位刚提升的赣西镇守使李鸿程——刘少奇曾在安源大罢工中与之进行恶斗的戒严司令。

"九月惨案"发生后，安源路矿工人俱乐部发表了《泣告全国同胞书》，揭露了帝国主义及其走狗的严重罪行。中共中央也因此在上海召开了扩大的执委会，讨论和总结安源"九月惨案"的经验教训。

刘少奇将悲痛化为力量，更加不顾危险地进行英勇斗争。

连续的战斗生活，严重损害了刘少奇的健康。在上海总工会没有被封闭前，他已积劳成疾，肺病复发。

上海总工会被封闭后，他四处奔走，抱病紧张工作，大量的紧急事务，使他日夜不得休息，病势日益加重。1925年11月，他被病魔所迫，由妻子何葆珍护送回湖南长沙休养调理。

临危受命

刘少奇回到长沙养病的地点是长沙文化书社后楼，这里是为掩护革命者活动而开办的。没想到，一个月后，刘少奇肺病刚有些好转，正想返回上海时，却在这里被捕，关押进戒严司令部。

逮捕刘少奇是湖南省省长赵恒惕下的命令。

因为当时受五卅运动的影响，湖南的群众运动正在高涨。特别是10月16日，安源工人俱乐部副主任黄静源被江西军阀方本仁下令杀害，遗体被工人们运到长沙，举行了追悼大会和声势浩大的游行示威，有近万名工人群众参加了追悼大会，唱起追悼歌：

凄凉风雨悼英豪，

源君殉难气节高。

艰难擘划几多载，

为谋解放舌唇焦。

虎狼军阀毒虽在，

帝国主义已飘摇。

唯愿青年同努力，

开来继往在吾曹。

正在这时，赵恒惕听手下人密报说刘少奇正在长沙，他更加紧张，急忙下令军法处拘捕刘少奇。

刘少奇被捕后，湖南党组织立即进行营救。因为他们知道赵恒惕心狠手辣，为防止他暗害刘少奇，何叔衡、萧述凡等去《大公报》争取社会舆论声援。

第二天，长沙《大公报》就披露了刘少奇无端被捕的消息，立刻引起轩然大波。

刘少奇这时已是全国著名的工人运动领袖。全国各地各界团体抗议的电报雪飞般飞到长沙，有时一天达四十多份。

因正是第一次国共合作时期，国民党要人汪精卫、谭延闿等也致电赵恒惕要求尽快释放刘少奇。

正在广州召开的中国国民党第二次全国代表大会临时增加议题，通过一份发给赵恒惕的电报，要求速放刘少奇。

何葆珍回宁乡搬出刘少奇二哥刘云庭。刘云庭曾是湘军中的一名下级军官，在长沙有一些关系。

于是关系托关系，熟人求熟人，先后请了省参议员朱剑凡、胡良翰，省参议长欧阳振声等出面保释刘少奇。

又请了宁乡籍国民党中央执行委员、国会议员周震麟、湘军中的师长鲁涤平，致电赵恒惕说情。

还请了长沙禁烟局局长、刘少奇少年时的同学洪赓扬出来斡旋。洪赓扬为赵恒惕手下得力干将湘军第三师师长叶开鑫、湘军第二师师长贺耀祖送上厚礼打点。叶、贺二人也以同乡身份，联名上书赵恒惕，为刘少奇交相作保。

赵恒惕早被闹得焦头烂额，没想到抓个刘少奇惹出这么大麻烦。为了不出大乱子，他顺水推舟同意释放刘少奇，唯一的条件是要刘少奇五天内离开湖南，并把这件事交给叶开鑫处理。

1926年2月上旬，刘少奇在陆军监狱被关押了将近两个月后，终于获释。

叶开鑫为了让刘少奇尽快离开湖南，还给他提供了二百元路费。赵恒惕也故作姿态派人给刘少奇赠了一部《四书》。

刘少奇还未启程，六十多岁的老母亲由家人陪着从老家赶到长沙看他。

一见面老人就哭了，说：

"九满啊，你知道吗，自从听说你被关进大牢，我就没睡一宿好觉啊！啥也吃不下去。"

看着老泪横流，白发苍苍的母亲，刘少奇眼睛湿润了。

母亲又说：

"九满啊，听娘的话，咱回家吧，这年月兵荒马乱的，你又娶妻生子了，别在外头闯了。万一有个意外，我倒行，身埋半截土的人了，可

你媳妇孩子怎么办啊。"

见刘少奇还是不吭声，老母亲突然"扑通"一声跪在了刘少奇面前，泣道：

"九满啊，娘跪下求你了！"

刘少奇的泪水"刷"地流了下来，急忙把母亲搀起，动情地说：

"娘，儿子不孝！可自古忠孝难以两全，你老人家也知道岳母刺字的故事，儿子所做的事也是在报效国家。娘，国家不幸民难安，儿子为国家做事，就是冒险也值得。别的事，儿子都可以答应你，可这件事，恕儿难以从命。"

老母亲流泪点头，说

"娘知道了……就由着你吧……"

第二天，刘少奇就离开长沙赶往上海。

到上海向中共中央报到后，刘少奇立即寄还了叶开鑫所送的二百元路费。

没几天，中共中央和中华全国总工会让刘少奇速速赶去广州。因为全国总工会委员长林伟民病重无法工作，急需刘少奇前往接替。

2月19日，刘少奇乘船抵达广州。

人们正急切地盼着他来，因为有太多的繁重的工作等待着他。

最紧要的是省港大罢工正在进行，急需加强领导；另外离第三次全国劳动大会召开还不到两个月，筹备工作非常繁杂。

刘少奇受命担任全国总工会代理委员长，主持中华全国总工会工作。

这时，他已成为共产党内可以负责一个方面工作的重要领导人。

他立即着手工作，针对省港罢工时间较长，工人疲倦，各罢工的工会不团结、罢工队伍纪律涣散等情况，他提出了工人阶级的联合有四个政治步骤：

一是精神的联合；二是物质的联合；三是行动的联合；四是组织的联合。

基于加强工人阶级联合的想法，刘少奇亲自抓了工会的组织建设：

3月5日成立了广东省济难总会；

3月21日成立了香港运输业工会联合会；

3月28日举行了香港青年工人大会；

3月30日举行了香港女工大会；

省港大罢工

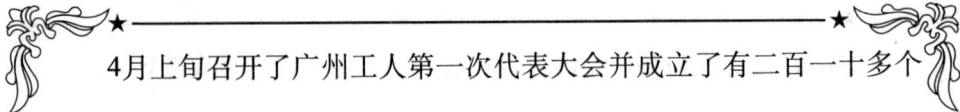

4月上旬召开了广州工人第一次代表大会并成立了有二百一十多个工会参加的统一的广州工人代表会。

4月9日召开了香港工会代表大会并在会后成立了香港总工会;

4月12日召开了香港金属业总工会第一次代表大会。

这些会议和这些团体的成立大会,刘少奇都出席并讲话,再三强调:赶快联合,紧密团结。

经过紧张筹备,5月1日,第三次全国劳动大会和广东省第二次农民代表大会一起隆重开幕。

刘少奇在这次大会上作了《一年来中国职工运动的发展》的报告。报告中论述的观点,与毛泽东《中国社会各阶级的分析》中的论述不谋而合。

在这次大会上,选出全国总工会委员长为苏兆征。刘少奇当选为第二届执行委员会常务委员、秘书长。

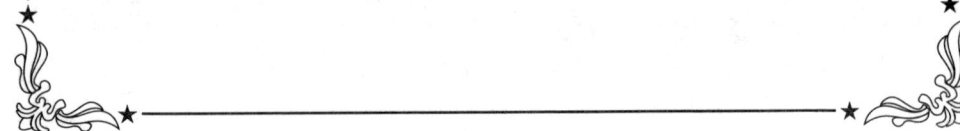

武汉风云

1926年7月，国民革命军从广州挥师北上，开始了北伐战争。

7月11日，北伐军攻克长沙，8月下旬占领湖南全境，军阀赵恒惕望风而逃。

9月6日、7日，北伐军攻占汉阳、汉口，10月10日攻克武昌。

这以后，广州国民政府决定迁往武汉。全国革命的中心也由广州移到武汉。

9月17日，中华全国总工会决定在汉口设立办事处。

10月21日，刘少奇从广州抵达武汉，开始组建全总办事处并为全部机关迁往武汉做准备，同时参加湖北全省总工会的领导工作。

10月28日，刘少奇等在武汉的中华全国总工会执行委员研究决定，全总汉口办事处由李立三任主任，刘少奇任秘书长，领导湖北、湖南、江西、安徽、四川、河南六省的工人运动。

随着工会组织的高速发展，人数的猛增，自然带来一个问题：缺少

骨干人才，有的也素质不高。

针对这一问题，刘少奇和李立三首先创办了湖北省工人运动讲习所，把工会积极分子召集来培训。第一期讲习所就有一百多工会骨干分子参加学习。

刘少奇和李立三等都抽时间去讲课。

国民政府1927年1月1日宣布迁都武汉。

1月4日上午，李立三、刘少奇代表中华全国总工会和湖北省总工会，前往国民政府商谈，要求国民政府立即与英交涉，通过外交途径收回英租界。当天中午，刘少奇出席武汉农工商学各界联席会议。会议决定以湖北总工会第一次代表大会的六项条件为基础，补充为八项，要求国民政府向英国领事交涉，限其七十二小时内答复。会后，国民政府表示全部接受八项条件，以与英方交涉，与人民一致行动。

1月3日下午，刘少奇在湖北全省总工会第一次代表大会上作组织报告。

就在这天，汉口发生了一起群众与帝国主义冲突的事情。

下午3时左右，中央军事政治学校宣传队在汉口英租界附近的江汉关钟楼旁讲演。见现场听讲群众越聚越多，英租界当局十分恐慌，急忙调动长江中英国军舰上的水兵登岸。在驱散群众时刺死一人，打伤三十多人，制造了"一·三惨案"。

当晚，在李立三、刘少奇主持下，湖北全省总工会召开紧急会议，研究对策。

会上，刘少奇报告了他亲自察看过的惨案真相和现场情况，对怎样

开展斗争发表了意见。

会议讨论了《为反对英水兵惨杀同胞通电》的电稿，并提出请政府自动收回汉口英租界等六项要求和实行抵制英货、封锁英租界等五项办法。

很快，各团体、各界群众为收回英租界一致动员起来了！

1月5日在举行完"追悼一·三死难同胞暨反英示威大会"后，举行了示威大游行。

游行队伍像一股无坚不摧的滚滚洪流，把英租界冲得稀烂，吓跑了英国官员和巡捕、水兵，完全控制了汉口英租界。

1月6日，江西九江各界群众集会游行，声援武汉人民收回租界斗争。英国水兵再次登岸干涉，打死打伤数名工人，人们被激怒了，高呼口号，奋起占领了九江的英租界，并请武汉国民政府派员接收。

武汉国民政府支持武汉、九江群众的正义要求，向英国当局提出抗议，并派外交部长陈友仁出面同英国当局谈判。

在群众反帝运动的强大压力下，英国当局权衡利弊，被迫于2月19日、20日分别在协定上签字，同意将汉口、九江英租界交还给中国。

这是近百年来中国人民反帝外交斗争史上的一次重大胜利。

在夺回英租界的喜庆气氛中，湖北全省总工会第一次代表大会顺利进行。

大会选举向忠发、李立三、刘少奇等三十五人为湖北全省总工会执行委员。推选工人出身的向忠发为委员长，刘少奇为担负实际领导责任的秘书长。

2月11日，中华全国总工会从广州迁到武汉办公。

刘少奇集全总秘书长、省总秘书长两职于一身，成为工人运动中众所瞩目的群众领袖。

他要负责几乎所有实际工作，忙得不可开交。

中国工人运动的蓬勃发展，引起了共产国际和各国工人组织的重视。

武汉成为当时中国工人运动发展最迅猛的地区。

1927年3月底，共产国际组织英、俄、美、法等国的工人代表组成国际工人代表团，专程来武汉参观访问。

刘少奇在武汉热情地接待了这些国际朋友。

4月3日，刘少奇主持各界群众大会欢迎国际工人代表的光临，他在会上发表热情洋溢的欢迎词。

此后，又有日、俄、韩、美、印尼、英、法等国的工人代表来到武汉，出席由赤色职工国际召集的太平洋劳动大会。

刘少奇代表中华全国总工会出席大会，并发表演讲。

这些国际工人阶级代表的到来，对大革命高潮中的中国工人斗争是一个有力的支持和鼓舞，进一步加强了中国工人运动同国际无产阶级的联系。

1927年4月3日，帝国主义者在汉口又制造了"四·三惨案"：

一个日本兵乘坐人力车不付车钱，反而打伤车夫，又将闻讯前来救助的另一位工人刺死。

随后，停在长江里的日本军舰上的水兵又大批登岸，三次用机枪向人群扫射，打死打伤民众数十人。

帝国主义的暴行再一次激怒了武汉人民，纷纷要求为死难同胞报仇。

中华全国总工会、湖北全省总工会站在斗争的前列，领导群众的反帝运动。

然而，这时的武汉局势已经和3个月前不同了。担任北伐军总司令的蒋介石手握军事大权，实力迅速增强，开始公然同武汉国民政府相对抗，并在他所控制的地区镇压工农革命力量。

武汉政府被老蒋这一闹，经济和政治都开始出现危机，处境日益窘迫，也没心思去管"四·三惨案"了。

尽管这样，经过以总工会为核心的各界群众的坚决斗争，仍迫使日租界当局做出让步，答应撤退水兵，发还罢工工人工资等条件，运动取得部分胜利。

4月12日，蒋介石原形毕露，在上海发动反革命政变，向上海工人纠察队发起突然袭击，接着又疯狂屠杀共产党员和革命群众。

4月18日，蒋介石在南京另立"国民政府"，同武汉国民政府相对立。那些反共的新老军阀纷纷投到蒋介石的旗帜下，把枪口指向共产党人。

就在这革命面临生死存亡的危急时刻，身为共产党中央委员会总书记的陈独秀还在主张妥协退让。他竟然下令公开宣布解散工人纠察队，让湖北省总工会自动解除工人纠察队的武装。为的是维护国共合作，不给早磨刀霍霍的国民党军队制造事端的借口。

刘少奇等人知道无法让中共中央，特别是陈独秀改变决定，只好执行命令。

刘少奇主张在执行过程中做"手脚"，把一些破旧枪和童子团的木棍集中起来，捆扎好上交国民政府，把大部分好枪留下，并布置纠察队员分散隐蔽起来。

另外，他们还安排纠察队员中的共产党员和其他进步分子，陆续带着枪支投入贺龙、叶挺的部队。

到7月，由于劳累过度，刘少奇再次肺病复发，难以坚持工作，准备撤离武汉。

但他和妻子又一次面临一桩棘手的家事：他们到武汉出生的女儿爱琴，才四个月，带着这么幼小的孩子怎么应付险恶的斗争环境？

但病情和危急的局势已不允许刘少奇再留在武汉，怎么办？

经过商量，他们决定把女儿寄养在汉口一位老工人家里，等形势好转后再接回孩子。

就这样何葆珍带着女儿去了汉口。

刘少奇在组织的安排下，秘密上了庐山，在牯岭街找到一处叫"晓梅别墅"的旧房子住了下来。

几天后，何葆珍安排好女儿，来到庐山照顾刘少奇养病。

逆境奋进

　　刘少奇刚离开武汉，中共中央就在共产国际的指示下进行了改组，由张国焘、李维汉、周恩来、李立三、张太雷组成临时中央常务委员会，代替了陈独秀家长式领导。

　　1927年7月15日，中共临时中央刚成立三天，汪精卫就正式做出"分共"决定，宣布同共产党决裂。

　　不久，汪精卫布置军队在武汉大肆捕杀共产党员和革命群众，同蒋介石合流。轰轰烈烈的大革命失败了。

　　刘少奇在庐山养病也不安全，先后又转移到海汇寺和庐山五老峰南麓的白鹿书院。

　　在8月1日南昌起义前夕，聂荣臻受周恩来的指示来向刘少奇通报情况，要他有所准备，注意安全。

　　刘少奇非常赞同临时中央在南昌武装起义的决定，只恨自己重病在身不能参加。

南昌起义取得成功，打响了武装反抗国民党反动派的第一枪，但在撤出南昌南征途中，遭到敌人重兵围攻，起义军受到重大损失。

针对起义先胜后败，各地党组织相继受到严重摧残，许多党的机关遭受破坏的情况，临时中央决定设立中央北方局、南方局，恢复和整顿党的的组织，建立党的秘密工作机关。

9月底到10月上旬，中共中央领导机关陆续由武汉迁往上海。

刘少奇在庐山疗养了两个来月，病情稍有好转，他再也呆不住了。在10月的一天，他悄悄离开庐山，化装成一名水手，乘船赶来上海。

到上海不久，刘少奇以中华全国总工会特派员的身份，被中央派到天津，整顿和加强顺直省委的工作。

顺直就是指北平和河北（北平曾名顺天府，河北曾名直隶省），还曾包括山西、天津、察哈尔、绥远、热河、河南北部及陕北广大地区。

这时候派刘少奇去顺直工作，可以说是在艰难的时刻到一个格外艰难的地区。

大革命的失败加上陈独秀的错误领导，给顺直党的工作造成毁灭性的打击，而且留下十分严重的后遗症。

刘少奇到天津后，从调查研究入手，了解顺直党的历史状况。

他发现，顺直党内一个突出问题是极端民主化倾向的严重泛滥，个人不服从组织，下级组织不服从上级组织。不少党员对中央和省委失去信任，对党的决议和通告随便谩骂，拒不执行。

另一个突出问题是闹经济主义，许多地方党组织说经济困难，无法开展工作，闹着到省委机关要钱。

而顺直省委也抱怨中央不给他们发经费，是故意与他们为难。在省委书记王藻文的煽动下，甚至有人对中央破口大骂。

1928年4月中旬，蔡和森从上海来到天津，准备经过乌兰巴托去莫斯科出席党的六大。

刘少奇约蔡和森就顺直问题进行了长谈，他建议中共中央立刻改组顺直省委。

蔡和森认为立即改组顺直省委是把问题推给中央，反对立即改组省委，并说就是改组也得等到党的六大开完之后。

蔡和森离开天津，把从刘少奇这里了解到的情况向中央做了汇报。中央于是给顺直省委 一封信，决定让刘少奇参加顺直省委党委，以加强顺直党的领导力量。

但省委书记王藻文遇事独断专行，根本不听刘少奇的意见。

6月18日至7月11日，中共六大在莫斯科召开。刘少奇没有出席大会，在会上被选为中央审查委员会委员。

在六大召开期间，留守中央指派陈潭秋、刘少奇、韩连会为特派员，代行顺直省委职权，领导北方党的工作。

1928年7月22日至23日，他们三人一起主持召开顺直省委扩大会议，对省委进行改组，推举韩连会任省委书记、郝清玉等七人为省委常委。刘少奇、陈潭秋以中央特派员的名义常驻顺直省委。

经过改组，顺直省委的状况有所改善。

可这次改组却未能服众，下台的原省委分子暗中活动，反对新省委。王藻文甚至勾结敌人叛党，京东一些地方的党组织竟组织"京东护党请愿团"到中央控告新省委。

陈潭秋、刘少奇、韩连会于是共同签发通告，宣布停止顺直省委职权，并停止京东各县党组织的活动。顺直党的工作暂时由刘少奇、韩连会负责。

11月9日，中央政治局举行党委会议，从苏联回国后的周恩来第一次参加中央党委会。会议讨论顺直问题时，周恩来明确表示："顺直残留的斗争直到现在，主要是缺少了政治的指导。"

会议讨论的结果：不同意停止顺直省委职权的做法，并做出几条具体指示，要陈潭秋立刻返回天津传达，恢复省委职权。

11月下旬，刘少奇回到上海，向中共报告顺直党的工作，再次陈述不同意恢复省委职权的理由，受到中央的批评。

刘少奇挨了批评并未放弃自己的意见，他除了给中央写信，还在顺直省委内部刊物《出路》上发表文章陈述自己的意见。

1929年春，刘少奇被调到上海工作。总的来说，他在顺直省委的工作是有成绩的，但由于缺乏处理党内这类纠纷的经验，处理方法不够细致，显得不够冷静，过于急躁。

中央虽然批评了刘少奇的"小毛病"，对他工作干劲和能力还是给予肯定的。

满洲风雷

1929年6月4日，中共中央经过反复研究，认为刘少奇在顺直工作了一段时间，有白区工作的经验，决定派他去情况复杂的东北，担任满洲省委书记。

作为革命者刘少奇组织观念、纪律性都很强。他决不向组织讨价还价，交给他的工作任务越艰巨，他的态度越是坚决果断。

6月8日，中央正式批准组成新的第五届满洲省委领导班子。正式委员七人：赵子祺（刘少奇的化名）、孟坚、李易山（即丁君羊）、任国桢、刘子奇、王立功、张子安。

对于东北地区的情况，中央作了些粗略的介绍。但是当时的东北地区革命形势怎样，党的工作任务是什么，刘少奇心里并没有底。

刘少奇知道，东北是奉系军阀张作霖的大本营。张作霖主要依靠日本帝国主义起家，曾经做过雄称全国的美梦。他割据东北后野心更盛，曾助直系军阀打倒皖系军阀，与直系军阀共同把持了北京政权。接着又与直系火并，失利后退出关外索性宣布东北"独立"。

后来利用冯玉祥的北京政变再次入关，与冯共拥段祺瑞为"临时执政"。以后张作霖又利用吴佩孚来反冯。当广东革命政府出师北伐，使盘踞在华中的吴佩孚和东南一带的孙传芳的力量大为削弱之时，张作霖便成为北方军阀中最大的实力派，拥有重兵三十五万。

在蒋介石发动"四·一二"反革命政变、南方出现宁汉对峙局面时，张作霖在北面也与蒋介石遥相呼应，在北京搜查苏联使馆，逮捕并杀害共产党人李大钊等二十多人，想以此向帝国主义邀宠，同蒋介石谋妥协。

蒋介石在英美帝国主义势力的支持下，建立起了雄踞其他军阀之上的新军阀统治。张作霖自知难以抗衡，于是，退兵出关，以据守东北老巢为上策。

没想到1928年6月3日，张作霖离京返回奉天（沈阳），在皇姑屯被日本关东军预先放置的炸药炸死。至此，统治民国历时十六年之久的北洋军阀政府遂告寿终正寝。12月，张学良宣布易帜，归顺南京国民政府。

但东北易帜，归服南京国民政府，也并没有使蒋、奉新旧军阀之间的矛盾缓和多少，而且由于支持蒋介石的英美帝国主义势力乘机推进，又使日本与英、美之间争夺东北势力范围的争斗加剧。尽管狗咬狗，矛盾复杂，但是对共产党都防范甚严。白色恐怖同样笼罩东北，中国共产党的地下组织屡遭严重破坏。

早在建党初期，中共中央和北方区委，曾先后派出马骏、陈为人等共产党人，到东北的一些重要城市进行革命活动，传播马列主义，发展党组织。到1927年上半年为止，奉天、大连、长春、吉林、哈尔滨等地，都有了党的基层组织。

大革命失败后，风暴所及，从1927年下半年开始，党的领导人和党员连遭逮捕，党的组织力量受到极大摧残。

为挽救革命，中共中央北方局根据党的"八七"会议精神，决定加强党在东北地区的工作，恢复和整顿党的组织，特派陈为人到东北组建满洲省委。

1928年1月末2月初，满洲临时省委召开的第二次全满党员代表大会，以确立继续恢复和发展党组织的方针，决定成立东边道特委，以期利用绿林武装组织暴动，建立割据的工农苏维埃政府。

但是，大会闭幕几天后，由于一位新补选的省委委员的被捕和叛变，事情发生了急剧变化。叛徒供出了满洲临时省委通信机关和吉长、关东州、哈尔滨三县委的秘密机关。

许多艰苦的工作毁于一旦，吉长、关东两县委遭到破坏，哈尔滨县委陷于瘫痪，东边道特委也于5月间撤销。利用绿林武装组织暴动，建立割据的工农苏维埃政府的计划完全夭折。

满洲临时省委接受教训，经过重新调整，开始注意纠正盲动主义，进行较隐蔽的行动，积聚革命力量。到1928年9月，召开全满第三次党员代表大会时，党员人数稍有回升，达到二百三十人。这次大会决定将临时省委正式改为中共满洲省委。

可惜的是，由于党的秘密工作仍然比较幼稚，特别是开会的组织工

作很不严密，致使在1928年底，不幸再次发生，中共满洲省委遭受了最惨重的毁灭性破坏。

当时正召开省委扩大会议，警察突然包围会场，大祸如同天降，省委委员中只有一人乘乱迅速逃出来，其余一个个呆坐着束手被擒，共捕十三人。

这次大逮捕，省委常委无一幸免，外地的负责人也有几名落入敌手，党的干部几乎损失殆尽。省委机关、常委住地、会议处、奉天区委所在地以及其他一些要害部门，几乎均遭洗劫。

党的机密文件，诸如省委的政治报告、组织报告，以至某些花名册，都被敌人搜了去。敌人的这次破坏活动，不仅使全省党的工作和群众运动完全瘫痪，而且给以后党组织的恢复、党的群众工作的开展，造成了严重困难。

满洲省被破坏的噩耗传到中央。

中央立即指示正在东北巡视的中央特派员刘少猷，必须克服一切困难，尽快着手恢复工作，重组满洲省委。

1929年2月中旬，中央批准了暂由刘少猷任代理书记的第四届满洲省委。

省委工作开始不久，由于刘少猷工作方法欠缺，自身弱点突出，没能很好地团结同志，满洲省委的工作又陷入困境。自感无法继续在满洲省委工作下去的刘少猷，不断请求中央调职。中共中央不得已，将刘少猷调回上海。

与刘少猷一起去东北巡视的另一位中央特派员谢觉哉，在作了三

个多月的调查研究之后，于4月中旬给中央写了一份关于满洲工作的报告。它对第三届满洲省委遭受的大破坏，第四届满洲省委的组织和工作状况，都做了详尽的汇报和中肯的分析。

谢觉哉的这份报告，对中央下决心调刘少奇去东北起了很大作用。

一个多月以后，中央又收到了满洲省委要求中央"选择有领导能力的人才"去满洲省委担任主要领导职务的报告。

事不宜迟，中共中央召见了当时任上海市沪东区委书记的刘少奇。

刘少奇受命于危难之际，于1929年7月14日，偕妻子何葆珍辗转到奉天。

东北的7月，也同南方一样的热，刘少奇和何葆珍两人的衣服，都被汗水浸透了。

没有人来接，大概在联系上出了什么差错。陌生人来到陌生的地方，一切都显得这样陌生。

好在，他们对这种经验和感触，已经不是第一次。长期的秘密工作，使他们知道如何处理眼前的情形。

他们装扮成阔绰身份的人，住进了一家僻静的旅馆。为减少麻烦，刘少奇在旅馆里大摇大摆，摆足了架子，又尽量不抛头露面，耐心等待联络。

三天后，终于接上了关系，一块石头落了地。

就这样，刘少奇夫妇顺利地移居到了组织上早为他们准备好的奉天西北工业区皇宇78号寓所。房子打扫得干干净净，窗明儿净，还弄了点摆设。对外，刘少奇的身份是海军司令部某副官。

刘少奇工作严谨，从来不肯有一丁点马虎，可以说是个不大会休息的人。他小时候患过痢疾，落下病根子，身体一累，生活一不正常，胃病和肠炎就会发作。因为他屡屡工作到疲惫不堪，所以胃病和肠炎反复地发作，经常是抱病工作。

现在既然已经安顿下来，他牵挂的只是工作。他会见了满洲省委的每一个同志，同他们一个个进行亲切谈话。他思考着、梳理着各种必须解决的重大问题。

1927年10月到1928年12月，在这一年多的时间中，省委机关和东北地区党的各地组织连续被破坏，党员人数升升降降，群众运动起起落落。尽管这同当时白色恐怖的情势有关，但是也说明东北地区党的组织在政治上欠成熟，还比较幼稚。

他们一方面受到来自上面的或地方的"左"倾盲主义思潮的影响，一方面许多工作还浮于表面，不深入，特别是忽视了在产业工人中开展群众工作，使得自己缺乏根底，在群众中的基础很薄弱，难以应付敌人的突然袭击。

还有一个重要原因，就是满洲党的工作方式没能随着形势的变化而加以改变，仍然停留在"和平发展阶段"的那一套。

许多同志严重缺乏在白色恐怖下从事党的工作的经验，不懂得也不善于正确处理政治斗争和经济斗争、公开工作和秘密工作之间的关系。不仅一般党员对进行秘密工作的技术了解不足，甚至省委的领导成员也都缺乏秘密工作的常识，在严重的对敌斗争面前缺乏应有的警惕性。

刘少奇认为，这种情况再也不能发生了。

没有生存便没有发展，只有确保自己的存在才能谈得到其他的一切。面对复杂的斗争形势，面对严重的白色恐怖，面对血泪斑斑的历次惨痛教训，刘少奇感到肩头责任重大。

为了确保省委的各级党团组织的安全，为了避免任何一个小小的疏忽引发大祸，刘少奇首先抓了恢复和整顿组织的工作。除加紧做思想的统一工作，消除在困难中的各种混乱思想，加强政治指导、提高觉悟水平之外，刘少奇领导省委对同志们进行了加强组织纪律性、加强党性的经常性教育，并逐步建立起了具体的、可操作的规章制度。

怎样更好地整顿党团组织呢？

刘少奇意识到这项工作是决不可能在静止的状态中实现的，必须同当前的斗争密切结合起来，在动态中考察干部，在斗争中来选拔最优秀的干部。

省委的自身建设和充实，各地党团组织的建设和充实，概莫能外。也只有在斗争之中，优秀干部才会涌现出来，逐渐代替不称职的分子。

刘少奇认为，革命客观需要满洲党的组织有一个健全而大力的发展，否则很难应付东北地区的革命形势，很难生动活泼地去领导群众的革命运动达到胜利。这就要排除掉一些畏首畏尾的东西。既要小心谨慎，又要大胆敢为。

以刘少猷为首的第四届满洲省委，之所以没有能扭转东北地区的危难局面，反而加深了危难程度。一个重要原因就是刘少猷等没来得及参加和组织起斗争。

他们不太深入基层和亲自到外地巡视，甚至连指示信也很少发出。

他们谨小慎微，对于断绝联系的组织不敢主动联系，甚至基层同志写信或派人来联系，都不敢接触。

刘少奇决心改变这种状况。

他决心在斗争中来推动党的一切工作，包括党的自身建设和发展。

他强调党的自身建设和发展，不宜孤立进行，一定要同发动和领导群众斗争结合起来。

他仔细研读中央的历次指示精神，又尽快地亲自深入到下面、深入到基层去了解实际情况，发动和组织起与群众利益相关的斗争，使党的同志都能鼓起情绪、振作精神，积极而紧张地投入工作。

在他的精心主持下，陆续选派出优秀党团骨干，到中东路各站、北宁路关外段、哈尔滨、奉天、抚顺等地的路矿企业中开展工人运动，到哈尔滨、奉天等市郊区开展农民运动，到一些学校和军队中开展学生运动和士兵运动。

这些派下去的人员，都肩负恢复和整顿党团组织的责任，要把革命的火焰重新点燃，把革命的队伍拉起来。

没多久工作便有了起色。到8月底，全满的党支部已经恢复到十九个，共产党员一百八十二人。有些地方的基层组织基本上已恢复到1928年12月大破坏以前的局面。只要继续努力，情况将越来越可喜。刘少奇总把信心建立在坚定、沉着、不屈不挠的行进步伐上。

到满洲省委任职一个多月了，各种复杂的头绪慢慢理清，省委的工作逐渐走向正常，刘少奇开始考虑怎样使自己所着手的开辟工作，更具有坚实的基础，从而也更具有向前拓展的巨大力量。

他决不做无根底的发号施令者，只是浮在上面做决定。他要做的是既能俯视全局，又能熟知底情的指挥者。他习惯于在自己的工作计划上树立起可以比较的坐标，围绕它织造比较现实的远景。

刘少奇决定就在省委所在地奉天，亲自发动和组织一次产业工人的罢工斗争，以推动全东北群众革命斗争的开展。他与其他同志商量来商量去，最后选择了奉天的一个著名大厂——奉天纺纱厂。

奉天纺纱厂是1921年兴建的官僚买办企业，有工人三千多。八年来这个工厂的工人们受到原始而野蛮的剥削和压迫。没有温饱，没有欢笑，工人们有的只是愤怒、血泪和仇恨。

他们每天劳动时间一般都在十二个小时以上，一天工作下来筋疲力尽，但工资却极低，难以养家糊口。工人们没有人的尊严，没有权利保障，被工头打骂是家常便饭，还动辄被无故罚工，甚至开除。他们没有出入工厂的自由，厂门口实行搜身检查，门卫恣意侮辱女工。

工人们的不满情绪与日俱增。

就在刘少奇到满洲省委的7月间，奉天纱厂的党团支部有所恢复，并组织了一些反对工头压迫、要求下班时及时开门以及增加工资等分散的小规模斗争。

那时候东北当局正忙于用兵，需要大量筹饷，因此不断加大人民负担，加重剥削工人。

奉天纱厂自7月份起，将危机转嫁到工人身上，只给工人支付一半的薪水，而且发的又是由于大量印发而不断贬值的奉票。工人们忍无可忍，反对军阀战争的强烈情绪被激发出来了。

奉天纱厂工人的情绪，实际上反映的也正是东北各地人民群众的情绪，他们生活在一个天底下，都承受着同样的苦楚。

刘少奇体察到了这一山雨欲来的形势。他在8月里，派省委组织部长孟坚和组织干事杨一辰等，到奉天纱厂同该厂党团支部进行联络，秘密商量如何将分散的零星斗争，逐步地发展和汇合成大的斗争。

孟坚、杨一辰、张昆弟等都斗志昂扬，他们认为在奉天纱厂举行大罢工的条件已经成熟，应该抓住机会，马上行动。

刘少奇仔细地听了他们的汇报。经验使他感到他们的了解并不扎实。他看看这些渴望着他拿主意的热切的脸，沉吟了片刻。他又深入地问了几个问题，孟坚等说不清楚，甚至连想也没想过。

思虑再三，刘少奇决定亲自到奉天纱厂去，对罢工的条件和准备情况作进一步的了解，以掌握可决断的第一手材料，并相机对罢工进行正确指导。

8月22日，孟坚带着刘少奇来到奉天纱厂，准备按约参加厂党支部会议。

刘少奇把鸭舌帽低低地压到脑门上，身上的装束同当地工人很相像。孟坚化装成教书先生模样，头戴礼帽，身穿绸子长衫，显得文质彬彬。

两人一前一后分开走，先后来到奉天厂的北大门外，在离开厂门约二百米远的一个小树林子里，等候接头。

他们绝没想到，纱厂党支部发动和组织工人进行罢工斗争的事，由于组织工作不严密，已经泄露。

事情是这样的：当孟坚和张昆弟等在那次去奉天纱厂与纱厂党支部进行商谈时，除党支部书记常宝玉参加了以外，还有工人党员崔凤翥和老范等也一起参加了，接触的面比较大，自然不容易保密。而且在商量了斗争方案以后，还没等孟坚、张昆弟等回去向省委汇报，纱厂的党支部就开始行动了。

常宝玉等一面向工人作口头宣传，一面把发八成现洋和立即开支所欠工资等写成标语和传单，在厂子里到处张贴散发。这些要求，的确代表了全厂工人的强烈愿望，因而很快得到了工人们的赞成和拥护，反响很大。工人们早就憋足了气，都跃跃欲试，准备大干一场。

厂方见工人们突然群情激奋，大为惊慌，预感到要出大乱子。

工人管理员孔令铎首先得到消息，拿了几张被撕下来的标语和传单，急急地到厂部报告。

总经理听了，犹如被当头打了一棒，呆了半晌，转而火冒三丈，派人叫来技师刘轩华，将刘、孔二人大骂了一通。

总经理一迭声地喊："查，赶快给我查！查不出拿你们是问！一定查出幕后主使人是谁！"

孔、刘二人就像领了生死令，匆匆退了出来。

孔令铎回去，学着他上司的样子，在工人中吆喝一通，但问不出什么名堂。

刘轩华比孔令铎多一些心眼。在紧锣密鼓的清查中，他不动声色地观察着厂里的一切。该厂的工人党员崔凤翥，恰巧就是他的亲戚。他觉得这位亲戚在他面前总是有些异样，神色不大自然。这使他顿生疑虑，更加注意起来，逐渐发现崔参与鼓动工潮的迹象。

刘轩华决定从崔凤翥身上突破。先是假惺惺关心他，说只要讲出实情，讲出谁在那里煽动工潮，保证他没事，而且还可以得到一笔不小的赏金。接着是软硬兼施，威胁崔凤翥不要不识时务，敬酒不吃，吃罚酒。

崔凤翥经不住刘轩华的百般诱逼，把他所知道的，一五一十都倒了出来，不仅供出党支部书记常宝玉是这次工潮的主要煽动者，而且供出了以前厂外何人来过，某日某时厂外还要来人的事。幸好崔凤翥还没有供出党组织的事来。

刘轩华和孔令铎侦查到这些情况，如获至宝，马上策划了秘密行动部署，准备等捕捉到"大人物"后再去报功。

而孟坚等对厂里发生的变故，却毫不知情，依然带了刘少奇按约前往，想在工人下班后进厂。

刘少奇在小树林里看看怀表，离下班时间还有刻把钟。

两人只得耐心等待。

时间过得很慢。从树林里望出去，可以清清楚楚地看到工厂的大门依然紧闭着，四周静得有点阴森。几个厂警在门口转悠，一副懒洋洋的样子。

这奇怪的寂静和厂警的神态，使刘少奇心底泛起一阵不安。他缓缓抬起头看看孟坚。孟坚的额头上沁出汗珠，正拿着礼帽不停地扇着。

又过了焦心的一刻钟，仍然没见工人下班的动静。刘少奇凭他长期积累的秘密工作的斗争经验，知道情况有变，不能再等，示意孟坚赶快离开。

可是晚了！工厂的大门突然打开，飞快地跑出一队厂警，吆喝着向刘少奇、孟坚所停留的小树林包抄过来。

刘少奇和孟坚已无法逃避，而且这时候跑的话，反而不妙，便昂然站立在那里。

厂警把他们双双抓住。

刘少奇愤然说："你们这是干什么？"

孟坚也高声嚷："你们这是大白天绑架呀！"

厂警们如狼似虎，不容他们二人抗议、分说，把他们推推搡搡押进工厂警卫室。

孟坚抬眼一瞧，见常宝玉已关押在那里，知道坏事了。但事已至此，只能见机行事。

厂警左右不离，看守得很严。三人之间没有通话机会。

刘少奇不认识常宝玉，孟坚也装作不认识常宝玉，刘、孟之间也一样地装作陌生人。三人都沉默着，各倚一个角落，胸中难免翻江倒海，不知事态如何发展。

天黑后，刘少奇、孟坚、常宝玉他们被带到审讯室。

主持审讯的是孔令铎。

首先叫了常宝玉上来问话。

孔令铎装腔作势，连声怒吼，责问常到底是谁煽动罢工，他是受谁指使的。

刘少奇冷眼看去，见孔令铎在那里拿腔拿调地虚张声势，心里倒安稳了几分。

常宝玉没有多大主心骨，经不住厂方几番追逼、胁迫，招认了孟坚，把事情完全往孟坚身上推，说都是受了孟坚的指使。

孔令铎来精神，转向孟坚，冷笑着："好哇，是你来捣乱！从实招来，免得吃苦头。"

孟坚拼命摇头，矢口否认，只说冤枉了好人。他说根本不知道纱厂里那些事，与常宝玉素不相识。什么要发八成现洋，不发就罢工，自己是个教书匠，哪管这些闲事。

常宝玉听孟坚这么说，这位老实人着实来了气：好一个孟坚，竟连我常宝玉都不认得了，还说我说瞎话，真是岂有此理。

见常宝玉这样咬定孟坚，孔令铎心里高兴，先把他们两个撇下，接着审问刘少奇。

孔令铎连着问了一连串问题，姓名、籍贯、职业、经历、从哪里来、来干什么等等。

刘少奇遭突然逮捕、身临这样的场面，已是第三回了。他胸有成竹，早已想好了应付办法，特意操着浓重的湖南口音，不慌不忙地应对，丝毫不漏破绽。有时还采取以攻为守的办法保护自己。

"那你到底是干什么的？"孔令铎依然不肯轻易相信刘少奇的话，斜着眼睛，狡黠地继续追问。

"做工的。"刘少奇简单地回答。

一个警卫头目，来到刘少奇面前站定，眼睛在刘少奇身上来回扫，突然喝道："把你的手伸出来！"

刘少奇伸出了手。

厂警从鼻子里钻出一阵冷笑：

"哼哼，你这样的手像是做工的吗？细皮嫩肉，手掌上连个茧子都没有，你骗谁！你到底是干什么的？说！"

"说，快说！"房间里的打手们一个个跟着嚎叫。

"不要装了，不要拖延时间了，说了是聪明的，不说，有你好受的！"孔令铎等以为抓住了把柄，得意扬扬，接着说，"你还能跳出我们的手掌心？"

但是，他们很快发现眼前的这个人冷静得出奇，面不改色，毫不慌张。

刘少奇泰然说：

"我是排字工，印刷厂里排字的，技术蛮好的，要是你们这儿有这样的活儿，我是愿意做的，保你们满意。"排字工当然可以有一双细皮嫩肉的手了。

孔令铎又使出最后一招，叫常宝玉出来认。

常宝玉摇头，刘少奇也摇头，互不认识。因为两人的确从未见过面。

由于常宝玉一口咬定厂里闹工潮完全受孟坚指使，对刘少奇没审出什么名堂的孔令铎，就反一股怒气都撒到孟坚头上，集中对孟坚逼供，还动用了私刑。

孟坚咬紧牙关，忍受折磨，只字不吐。刑讯一直持续到深夜，连审讯的人都感到累了，才把他们带离关押两处。

满怀请赏希望的孔令铎等人连夜向总经理汇报。不料他们没有摸准总经理的脾气。

总经理是个只要厂里安宁，不想多管闲事的主儿。他听了孔令铎等人捕人和审讯的经过之后，大发脾气，训斥他们胡来。

孔令铎等被抢白了一顿，满怀希望落空，弄得十分没趣。但是抓人容易放人难，抓是什么名堂，放又是什么说道，这事不大好办。

思来想去，孔令铎便同警卫队长刘春朗一起，于第二天早上，把刘少奇、孟坚连同常宝玉，都送到警察局商埠地三分局，以为这样既可把事情推出去，如有好处还可得到一点。

但是孔令铎等又把事情想太简单了。三分局是市警察局的派出衙门，衙门办事对上对下都须行公文。纱厂拿人来，那纱厂的公文呢？请呈上来。

孔令铎不过是个工人管理员，哪谙此道，拿不出来，答应补交，有说好话，要求先把人收押下来。

人家又问是什么案情，孔不敢说别的，报了个"煽动工潮案"。

孔令铎慌忙回厂要公文。总经理只想息事宁人，不肯出。

孔令铎等想不到自己办了个这样的窝囊事，也就不好再到商埠地三分局露脸。

商埠地三分局的审讯一样毫无结果，凭常宝玉一人的说法能定得了谁的案？纱厂没有状纸，失去了原告，"煽动工潮案"又怎样成立？

收进来了也不好随便放出去。

商埠地三分局也只得采取往上推的办法，把刘少奇他们三人解到了奉天高等检察处，把纱厂和三分局的两次审讯记录作了原始公文。

在检察处看守所，孟坚和常宝玉收押在一个牢房里，刘少奇在另一处。只有在放风的时候，刘少奇和孟坚才能见面。

刘少奇已敏锐地感觉到，虽然他们三人不断地被层层上送，但他们的问题好像并没有随之升级，在这里看守得反而松多了。在牢房里和放风时，互相交谈并不受到特别干涉。

看来事情还只局限在工潮案上，三分局的审讯就只问了这方面的事。党的活动没有暴露，至少他们没有抓到这方面的真凭实据；常宝玉与孟坚对质时，常始终只说孟是煽动工潮的主使人，但他并没有扯出纱厂的党组织和其他党、团同志。

如果只是个工潮问题，在自己身上他们更是抓不到点滴根据。常虽然指认了孟，孟并没有承认，并说他根本不认识常，所以只要常一翻原来口供，孟也就完全解脱。

刘少奇借放风机会，悄悄地向孟坚说了上述想法，要孟趁还没有进行审讯之前，赶紧做常宝玉的工作，让常推翻前供，否认有人指使闹工潮，自己也没有组织什么工潮。这样，每个人的问题都缩小了，都容易解决。

孟坚答应试试看。

孟坚耐心地给常宝玉做工作，常宝玉终于明白了利害关系，答应翻供。

法院开庭，三人都是叫屈。

常宝玉说他的口供是厂方动刑硬逼他说的，根本不是那么回事。没有什么人指使他组织工潮。不满情绪是有的，因为奉票发毛，我们工人都是养家糊口的，发奉票大家吃不起这个亏，所以才要求发工资、要开八成现洋。这怎么能说是煽动工潮？这太不公道了。

刘少奇和孟坚顺势一齐反攻，诉说奉天纱厂无故抓人，还私设公堂、动用私刑，太无法无天了，要求法院秉公办事，为老百姓做主。

主持法官是归国的留洋博士，正是年少得志、意满气盛的时候，并没有多少历练，见事情这般，也就不再多问。当即宣布休庭，等待最后判决。

刘少奇等见过堂只不过个把小时，心里有了底，知道事情很快就可以了结。刘少奇使个眼色，孟坚点头会意。常宝玉也不再苦着脸。

此时，刘少奇又开始惦记省委的工作。刘少奇他们在监狱里沉着应战的时候，满洲省委的所有同志也都投入了紧张的营救工作。

8月22日下午，刘少奇和孟坚被奉天纱厂的警卫队扭进厂时，省委秘书处的一位住机关的女同志李文玉正好站在纱厂对面的马路口，看得清清楚楚，知道情况不妙。

当晚七点钟左右，她气喘吁吁赶回机关，一口气向秘书长廖如愿做了汇报。廖如愿大吃一惊，马上同省委宣传部长丁君羊商量，召开省委紧急会议，及时部署各种应急措施。

这时，曾同刘少奇一起在顺直省委工作的陈潭秋也来到了奉天，他是作为中央特派员来青岛和满洲作巡视的。一到奉天，便获悉刘少奇等被捕一事，他顾不得自己身体有病，立即展开紧张工作。在陈潭秋的帮助下，满洲省委组成丁君羊、任国桢、饶漱石等三人的临时常委，主持省委工作。省委把营救刘少奇、孟坚出狱，作为最急切的任务，马上行动起来。

8月底，满洲省委临时常委向中央报告了刘少奇、孟坚被捕经过，说明出事原因是"叛徒崔某与厂中阴谋勾结"所致。

9月初，周恩来在为中共中央起草的关于刘少奇、孟坚被捕事件给满洲省委的指示中，肯定了刘少奇、孟坚到满洲省委后的工作，"在精神上路线上迥与前异，的确创造了满洲党之斗争的精神"，并在分析了他们被捕的原因和应吸取的教训后，具体指示了全力营救刘少奇、孟坚的工作。

省委秘书长廖如愿，在营救工作中想了很多办法。他首先找到了与商埠地三分局司法主任熟识的青年会干事李涤尘，托他从中进行疏通。还让当时的一位地下党员、省委宣传机关的掩护人郭任民，通过其堂兄——当时任南市场分局捐务主任之职的郭庆益，向三分局的司法主任做工作。

郭庆益让三分局司法主任在笔下做点机巧，故意把"无故徘徊厂外，非奸即盗"之类的话写进案子的卷宗里，以引导审案者向这方面来分析案情。

后来法院的那位年轻法官在审讯刘少奇的过程中，也确曾有怀疑刘少奇是去偷窃的问话。当然刘少奇没有承认，而且他在狱中也根本不知其中奥妙。

省委在得知刘少奇他们被送到奉天高等检察处之后，马上跟踪行动。当即由杨一辰去奉天第一监狱探听。

原来，第一监狱中正关押着一位老党员，名叫周世昌，当年在法国当劳工时就经周恩来介绍入了党。他是头一年满洲省委被大破坏时被捕入狱的，刑期将满，在行动上已比较自由，在监狱开的一个小店里服务。

杨一辰装作买酱油，上前把酱油瓶放到柜台上，见左右无人注意，悄悄把条子压在瓶底，用暗语打问。周世昌机敏地借打酱油的机会迅速看清条子，用暗语做了回答，要杨一辰过几天再来听确切消息。

过了几天，省委获悉刘少奇等确实被关押在奉天第一监狱，刘少奇化名成秉真，于是决定让杨一辰以朋友名义探监，同刘少奇相见，以进一步摸清情况，见机行事。

杨一辰稍做准备，身揣组织上交与的二十元现洋，手提点心、水果，直奔奉天第一监狱而来。

看守从狱中提出刘少奇，说是有朋友来看。

监狱里会见的房间，中间隔了一道铁丝网，两个警察分站两边。会见是受严密监视的，而且规定了时间，要在这里明白交谈什么或交谈很长时间是不行的，只能靠机警的语言来互相示意。

刘少奇出来了，人明显的瘦削了一些，但目光炯炯有神，精神不错。杨一辰一颗忐忑不安的心，此时平静了下来。他攀到铁丝网前，赶紧问了一声：

"身体还好吧？"

"还好，还好！"刘少奇微露笑容。

"家里都挂念着你呢！"杨一辰又说。

"谢谢了。不过请家里放心，没有什么事，过两天就出去了。"刘少奇说得很响亮。

杨一辰会意，知道刘少奇的身份没有暴露，事情不大紧要。便接着问刘少奇：

"需要钱吗？"

刘少奇点头，说："需要一些。"

杨一辰把二十元现洋全留了下来。又说："还需要钱的话，说一声，不为难，我可以安排。"

刘少奇继续点头，说："好。"

杨一辰回去向省委做了汇报。省委那里也一块石头落地，随时准备去接刘少奇和孟坚出来。

焦虑万分的何葆珍得悉，稍稍宽慰了一点。

杨一辰留下的那笔钱果真派了用场。

不几天，法院的判决书下来，宣布因证据不足对刘少奇、孟坚不予起诉，取保释放；宣布罚常宝玉四十天拘役。一场官司了结。

刘少奇花了几块钱，请一家小店的老板作了铺保。并送给有关法警几块钱，打点得他们眉开眼笑。

满洲省委派干事张干民去迎接刘少奇，同时为刘少奇作掩护。张干民机警地观察了周围的环境，在确信没有盯梢的情况下，领着刘少奇兜了一个大圈子，才放心地来到省委秘书处。

刘少奇脱险了，安全地回来了。每个人的心里都激动得无以名状。刘少奇的归来，不仅表示着刘少奇安然无恙、平安无事了，也表明着整

个满洲省委和它的机关都渡过了风险。

孟坚比刘少奇早出狱两天，两人相见，更别有一番滋味。孟坚的心里还有一种内疚感，正是因为自己处事不妥当，才连累刘少奇遭了一场这样的灾难。但是他在这场灾难中也得到了锻炼和提高。

刘少奇及时向中央报告了他和孟坚被捕及出狱的经过。中央很快回函，极为慰勉，指示刘少奇继续担起满洲省委书记职务，致力开辟东北工作。

中共中央给满洲省委的指示信强调，满洲党当前的工作路线应以中东问题为中心，进行各项基本工作，对反帝运动、反对军阀混战、士兵工作、农民运动等都要全面布置。刘少奇立即带领满洲省委的所有同志和满洲的全体党团员，紧张地投入到了中央所要求的工作中去，坚定而灵活地展开了各项斗争。

但这场斗争，又由于叛徒的破坏，未能获得全胜。

对此，1930年3月下旬，刘少奇被召回上海，受到中央一些人的非难和指责，认为他在中东路工人斗争中领导不力。甚至说：

"你错得该死，你在政治上一塌糊涂！你将消灭满洲的党！你该打五百板子！"

为此，刘少奇写了八千多字的《致中央诸同志信》，对中央政治局同志对他的非难、指责甚至攻击，做出反驳。同时也是对自己作一次实事求是的自我批评。

但谁都不能否认刘少奇在满洲省委工作八个多月所取得的成绩，他以"拓荒者"的姿态，受命于危难，进行了披荆斩棘的工作，打开了满

洲党工作的局面。

1930年6月，刘少奇受中共中央委派，担任中央工会代表团团长，赴莫斯科出席赤色职工国际第五次代表大会。

1931年秋，刘少奇从莫斯科回到上海。因为他关于中国职工运动的策略观点，同赤色职工国际领导人的观点处处不合，难以再留在赤色职工国际工作。

刘少奇出国期间，中共先后召开了六届三中、四中全会。他被任命为江苏省委书记，又被选为政治局候补委员，可他没到任，由王明代替。

刘少奇回到上海，正逢中共中央决定成立中央职工部，就任命他为中央职工部部长、中华全国总工会组织部部长。

这时，负责中央科工作的政治局候补委员顾顺章和中共中央政治局主席向忠发相继叛变，党的机构遭受严重破坏，正处在很难展开活动的艰险时刻。

王明已准备去莫斯科，周恩来也准备前往中央革命根据地。

共产国际远东局决定成立中共临时中央，由博古负总责。政治局委员还有张闻天、陈云、康生、卢福坦、李竹声。

工人运动的处境非常恶劣。刘少奇认为职工运动不应该进攻性的，而应是防卫性的。可他的正确意见，与临时中央"左"倾冒险主义发生冲突。

临时中央坚持"工人斗争的形势是进攻的"，并要求刘少奇领导的沪西工人罢工发展成"大规模的总同盟武装暴动"。

这要求完全是脱离实际的瞎指挥，工人既没有枪弹，力量也没有成熟到可以举行总同盟武装暴动的程度。

因此，刘少奇认为，工人斗争形势还是防御的反攻。他的这些实事求是的正确主张，和他敢讲真话、敢于坚持真理的，自然为"左"倾思想占统治地位的临时中央所不容，从而遭到更严厉的打击。

批判刘少奇最卖力的是康生。

刘少奇还被迫作检讨，但他未屈服，仍坚持自己认为是正确的策略观点。

临时中央于是决定撤销刘少奇中央职工部部长的职务，派他到中央革命根据地工作。

1932年一个寒冷的冬日，刘少奇告别妻子何葆珍和牙牙学语的小儿子（刘允若），离开上海，秘密前往中央革命根据地。

参加长征

中央革命根据地也称中央苏区，位于江西南部和福建西部，是毛泽东、朱德率领的红军开辟的。

刘少奇到中央苏区后，被任命为劳动人民委员部副部长。

当时中央苏区已粉碎敌人三次"围剿"，一切工作都以军事为中心。

刘少奇头上戴着"右倾机会主义"的帽子，投入了紧张工作。

他领导的店员手艺工人工会筹备会、苦力运输工人工会筹备会，为了发展扩大红军，共动员三千人参加红军。

他还组织征集了五万多双草鞋套鞋送给前方红军。

由于临时中央"左"倾错误路线的影响，在第四次反"围剿"前，毛泽东被排挤出红军领导岗位，由周恩来和朱德指挥红军，取得了第四次反"围剿"艰难的胜利。

等到第五次反"围剿"时，临时中央迁到中央苏区，博古把党、政、军大权都揽到自己手里，并委任国际军事顾问李德指挥红军。结果连连失利，节节败退，红军死伤惨重。

眼看着中央苏区保不住了，博古、李德才决定红军主力战略转移，开始了长征。

1934年10月10日傍晚，刘少奇随中央红军主力撤离中央苏区，踏上了艰险的征途。

正当他跋涉在长征路上时，他的妻子何葆珍被国民党当局杀害了。

何葆珍送刘少奇前往中央苏区后，根据党的决定，留在上海坚持斗争，担任全国互济总会的领导职务。

1933年3月，她因为营救被捕的中华海员工会党团书记廖承志，被国民党特务盯上，住处被包围。

何葆珍来不及躲避，只好将三岁的小儿子（刘允若）匆匆交给邻居大嫂，以最快的速度销毁了秘密文件。这时，宪兵、特务破门而入，把她抓走了。

何葆珍被关押在南京老虎桥监狱。在狱中她团结难友，同敌人展开各种形式的斗争。由于叛徒告密，何葆珍身份终于暴露。

1934年一个秋风萧瑟的日子，何葆珍在南京雨花台英勇就义，献出了年仅三十二岁的生命。

她的大儿子还在宁乡老家抚养，女儿扔在汉口那个工人家里，小儿子又留给了邻居大嫂。孩子们永远也看不见他们这位英雄的好母亲了。

他们的父亲——刘少奇不知道妻子遇害，也管不了自己的子女。

长征开始后，刘少奇被临时中央委派参加中央红军第八军团领导工作，任中共中央代表。

可是湘江战役之后，第八军团损失惨重，只剩一千多人，只好编入第五军团。刘少奇又到第五军团任中央代表。

在遵义会议上，刘少奇支持毛泽东的意见。他为毛泽东能重新回到红军领导岗位感到由衷欣慰。他们都是博古为首的临时中央错误领导的受害者。

1935年2月上旬，刘少奇调到红三军团任政治部主任。

中央红军结束长征，胜利到达陕北后，政治局会议决定，刘少奇仍负责工会工作。

1935年12月9日，北平爆发了要求抗日救亡的"一二·九运动"。在国内政治形势发生巨大变化的情况下，中共中央举行瓦窑堡会议，确定了建立抗日民族统一战线的方针。中共中央决定对刘少奇委以重任。

12月29日，政治局常委会议决定：刘少奇为中央驻北方代表，到华北指导北方局工作。抗日战争爆发后，任中共中央北方局书记。

巧计脱险

1936年初春，刘少奇从陕北赴天津，路途中要经过渭水北岸的龙口镇。

在即将到达龙口镇时，工委张书记向刘少奇介绍了龙口镇的情况。

他说：

"在龙口镇有两个有名的人物，一个就是龙口镇的龙镇长，他主张抗日，同情革命。另一个就是靠'剿共'起家的地头蛇——霍虎。而霍虎经常和龙镇长作对。到龙口镇的必经之地——获福桥又有霍虎的士兵把守。这就增加了我们到达龙口镇的难度。"

刘少奇听后，沉思了一会儿，笑着说：

"咱们给他来个'金蝉脱壳'。让张书记以工程师的身份坐小汽车直奔获福桥，而在此同时让龙口镇支部书记（公开身份是酒店掌柜）悄悄把我接到龙镇长家里。"

同志们听了，都觉得这个主意好。

就在刘少奇到龙口镇的前一天，霍虎的耳目已探听到共产党的要人要经过渭北，得到这一消息，霍虎非常高兴，以为邀功领赏升官发财的机会来了，机不可失。

这天，霍虎亲自带领全部士兵，守在获福桥这个关卡要地，对来往行人仔细盘查，准备截捕共产党要人。

当霍虎已经守得不耐烦时，突然见远处开来一辆小轿车，霍虎马上又来了精神，心中暗自高兴：你终于来了。

霍虎一挥手，让人拦住小轿车，他亲自走到车边查看，只见张工程师一人坐在车里，他仍不死心，又翻来覆去查看了几遍，还是没有收获，只好作罢。

这些都让事先在桥头等待而不知"内情"的龙镇长着实吓了一跳。当龙镇长不安地回到家里时，看到刘少奇已经在他家里坐着了。龙镇长这才长长出了一口气。宾主寒暄之后，龙镇长问：

"你们是怎么过来的？"

刘少奇笑着说：

"我们是大摇大摆走过来的哟！"

大家听了都哈哈大笑。

刘少奇有任务不能在这里久留，但要瞒着地头蛇霍虎，从龙口镇重新上路，又不是容易的事。

正在踌躇之际，刘少奇听张书记说，他前两天以省校主任的名义跟霍虎打过招呼，说这几天南京方面要派水利考察团来这里视察。

刘少奇灵机一动，胸有成竹地对在场的几位同志说：

"我看明天拜见一下这位霍虎，也许他会客客气气地护送我呢！"

在场的同志们为了刘少奇的安全，再加上心中也没底，坚决反对。刘少奇详细地给他们讲了他的计策……

大家听了都说："这个办法好！"

经过一番周密的安排后，"水利考察团"终于光临龙口镇。

"水利考察团"的"文博士"在众人的前呼后拥之下朝霍宅走来。

霍虎早早在门前恭候，看着由远而近的"文博士"：西装革履，头戴博士白帽，手执文明棍，仪表堂堂。

当霍虎把贵宾迎接到上屋，就座之后，听着"文博士"讲述的学识，他是佩服得五体投地，为自己今生能迎接到这样有渊博知识的人而自豪。

这时他哪里还顾得查什么真伪呀！只有盛情款待和阿谀奉承。在酒宴快要结束时，霍虎走到"文博士"身边悄悄地说：

"龙镇长暗通共产党。"

"文博士"借机提出："我们重任在身，既然这样，我们也不宜久留。"

最后，霍虎敲锣打鼓地把这位"文博士"送上了"软席车厢"。

车开了，刘少奇一行开心地笑了。

霍虎依依不舍地送走了"文博士"，一路洋洋得意。回到家中，得知又来了一位文博士，这才知上当了。

以笔作枪

在天津，刘少奇与北方局负责人接上头后，立即投入工作。他是住在一家成衣铺的楼上，对外称是南开大学正在养病的教授。他化名"胡服"。

经过调查研究，刘少奇感到在国统区党的工作仍受"左"的思想影响，没有彻底纠正过来。为此，他在1936年4月初写了一篇《肃清立三路线的残余——关门主义冒险主义》的文章，发表在河北省委内部刊物《火线》上。

针对北平学生郭清惨死而引发的"三·三一"学生抬棺游行遭当局镇压的事件，刘少奇写了《论北平学生纪念郭清烈士的行动——给北平同志的一封信》。

"三·三一"事件中，学生在游行时曾喊出"打倒卖国贼宋哲元"的口号。这是因为当时担任冀察政务委员会委员长和国民党第二十九军军长的宋哲元，在"一二·九"运动时曾运用军警镇压过爱

国学生的运动。

刘少奇和北方局进行认真分析后，认为宋哲元曾率部在长城喜峰口抗击过日军，那时是奉老蒋命令才停止抵抗的，而宋哲元本人还不甘愿卖国当汉奸，还有转向抗日的可能。

因此，刘少奇指示引导学生改喊"拥护宋委员长抗日""拥护二十九军抗日"的口号。这些口号不但感动了宋哲元，也激发了二十九军广大官兵的爱国热情，使他们转向同情爱国学生。

恢复和整顿华北党的组织，是刘少奇面对的重要任务之一，在此同时，又要对党的干部进行重新训练。所以，4月间，刘少奇又写了《关于白区职工运动工作的提纲》。

他针对当时华北党组织在实际工作中存在的问题，7月间写了《公开工作与秘密工作的区别及其联系》一文。

为了转变党的干部工作作风，肃清空谈主义，提倡深入实际，具体地去领导和发动群众运动。刘少奇又连续写了《肃清空谈的领导》《所谓具体领导》《把一般的原则与现实生活中的具体问题联结起来》《怎样进行群众工作》等多篇文章，对党的干部进行教育。

随着抗日民族统一战线的形成和扩大，能否实现无产阶级在统一战线中的领导权就成为中心问题。针对这一问题，刘少奇又写了《民族统一战线的基本原则》。

刘少奇到华北后，深感干部的不足。当他得知草岚子监狱关押着一批党的干部，多数刑期已满，但不履行一个手续就不能出狱时，决定进行营救。

履行什么手续呢？

说白了，就是让出狱的人在"反共启事"上按手印，表明他们在监狱反省好了。

而这些革命者宁可不出狱也不按手印。

刘少奇问主管组织工作的柯庆施：

"你的意见如何？"

柯应施说：

"可以让狱中的同志履行一个手续出狱。"

刘少奇于是把这个意见报告中共中央。

中共中央批准了这个要求。

于是有六十一人分作九批履行"出狱手续"，陆续出狱。他们出狱后，被组织分配到山西、河北、北平、天津等地，重新开始工作，大大加强了北方党的力量。

刘少奇针对国家社会党机关刊物《自由评论》上的《评共产党宣言并论全国大合作》一文，化名陶尚行写了《关于共产党的一封信》，让更多的人听到了共产党的声音，了解到共产党的抗日救国主张。

刘少奇在5月，化名莫文华给邹韬奋在香港创办的《生活日报》写了一封信，被邹韬奋以《民族解放人民阵线》的标题公开发表，引起了强烈反响。

随后，刘少奇又写了《人民阵线与关门主义》一文，进一步论述了建立广泛的抗日民族统一战线的必要性和可能性。

为了宣传解释党的抗日民族统一战线主张，刘少奇又在党的半公开

刊物《长城》上发表《论合作抗敌的一封信》《论"全国抗战是否立刻爆发"和救亡阵线当前主要任务》。

针对文艺界发生的"国际文学"和"民族革命战争的大众文学"两个口号的争论，刘少奇9月在《作家》杂志上发表《我观这次文艺论战的意义》，指出：这次争论的意义，决不在争口号，而是克服文坛上的关门主义和宗派主义。

8月底，薄一波由草岚子监狱出狱后，得到统治山西的阎锡山邀请，要他回山西共商保晋大计。他来向刘少奇报告，刘少奇支持他回山西，并做了具体指示，促成薄一波等人同阎锡山建立起特殊形式的统一战线关系。

由于刘少奇领导北京局开展了卓有成效的工作，在北方统一战线方面取得喜人成绩：傅作义、阎锡山、宋哲元、韩复榘、刘湘等国民党高级将领和地方实力派人物，都表示愿意同共产党联合抗日。

一些高级知识分子还联合发表《教授界对时局意见书》，对政府对日外交提出要求："在不丧国土不辱主权之原则下对日交涉。"

由于北平市委在领导学生"五二八"抗日大游行时出现的错误，一些人提出改组北平市委，引起号称"北平问题"的风波。

刘少奇对此极为重视，先后写了《关于北平问题》《在北平问题上所应获得的教训》两篇文章。另外，还充实了北平市委的领导班子。

西安事变爆发后，刘少奇根据中共中央精神，写了《西安事变的和平解决与蒋介石的恢复自由》《西安事变的意义及其以后的形势》两篇文章。

西安事变后，统一战线呈现出新形势，但在学生运动的领导层中也出现了右的错误倾向。对此，刘少奇及时写了《论左派》一文，批评了这种错误观点。

西安事变后国内出现了初步和平的局面，于是有人在青年中散布"抗日是一枝叶，建国是根本"的言论，提出要将"联合抗日"的口号改为"团结建国"。对此，刘少奇写了《"联合抗日"与"团结建国"》一文。

1937年2月下旬，刘少奇率中共中央北方局领导机关由天津移往北平。

3月，中央决定召开专门会议，详细讨论国民党统治区的工作，通知刘少奇在4月底前返回延安。

刘少奇在北方局的工作，都及时向中共中央请示汇报，除发电报、写长信外，有时还专门派人去陕北向中央报告情况。

中共中央对华北的情况是了解的，对刘少奇的工作是满意的。

中央负总责的张闻天经常把刘少奇写给他的长信请中央其他领导人传阅，大家都很重

1937年，刘少奇回延安。

视北方局创造的"新的经验"。

刘少奇在3月4日写给张闻天的那封长信，被中央指定为高级学习组学习的文件之一。

4月底，刘少奇回到延安。

5月2日至14日，中共苏区代表会议在延安召开。

5月7日，刘少奇在大会上发言，强调争取全国民主统一与党在统一战线中的领导权，是国共合作新阶段中的中心问题。

5月17日，中共白区工作会议在延安开幕。会上，刘少奇受中央委托作了《关于白区的党和群众工作》的报告。

刘少奇的这个报告引起了争论，但毛泽东在政治局会议上态度明朗地说：

"少奇的报告基本上是正确的，错的只在报告中个别问题上。少奇对这问题有丰富的经验，他一生在实际工作中领导群众斗争和党内关系，都是基本上正确的，在华北的领导也是一样嘛。

"他一生很少失败，今天党内干部中像他这样有经验的人是不多的，他懂得实际工作的辩证法。"

对刘少奇写给中央的几封信，毛泽东评价说：

"他也基本上是对的，是勃勃有生气的。他系统地指出党在过去时间在这个问题上所害过的病症，他是一针见血的医生。"

张闻天在会议的结论中也肯定：刘少奇在白区工作会议上的报告"基本上是正确的"，他"在北方局工作是有成绩的。"

远见卓识

在白区工作会议后，7月7日，卢沟桥事变爆发，日军向中国军队突然进攻，中国驻军被迫还击。抗日战争开始了。

刘少奇当然还要返回华北继续工作，7月16日，他和杨尚昆从延安启程，可由于一连几天大雨，陕北的道路非常泥泞，旅途十分不便。

他们因为接受中央委托，就先到陕西省泾阳县云阳镇的抗日红军前敌总指挥部，向集结在那里的红军高级将领传达了中央指示精神。

随后，他们经西安乘火车赶往山西省会太原。

没想到，他们离开延安后这十几天内，华北局势发生了急剧变化：7月26日日军发动大规模进攻，29日北平失守，30日天津失守。日军占领平津后，一路沿平汉和津浦铁路向南推进；一路以主力沿平绥和正太铁路向山西发动猛烈攻势。

刘少奇是7月28日到的太原。因为平津失守，他决定在太原组建北方局，展开工作。

经过中央批准，北方局领导机关很快组建，刘少奇任书记，彭真任组织部长，李大章任宣传部长，朱瑞任军委书记。

为了在整个华北开展统一战线工作，深入建立像西安办事处一样的机关，代表红军进行统一工作。刘少奇征得中央批准，指示彭雪枫在太原成成中学正式挂出"国民革命军第八路军驻晋办事处"的牌子。

而北方局机关就设在办事处里，对外称办事处"二科"，基本取得公开活动的权利。

这时候，由于日军的逼近，山西已成为华北战略全局中的焦点。

刘少奇在这历史大变化的关键时刻，考虑的问题更多了。他有读书写作到深夜的习惯，可思索时却喜欢一个人在院子里踱来踱去。

8月3日，经过苦思苦想，刘少奇向张闻天阐述自己对时局的看法和建议：

日本占领平津后，不会停止它的武装侵略，中国即将过渡到抗战新阶段。从华北的实际情况看，要把准备并发动游击战争提到党的任务中十分突出的地位上来。对平津附近及日军后方，应普遍发动游击战。

在我军后方，加紧统一战线的活动，组织与同群众参战为各地党部主要任务，准备游击战争，组织志愿兵、自卫军等。在战区准备建立战地委员会等抗日政权。

8月21日，刘少奇向中央更明确地报告：

"干部及工作重心我集中在乡村组织游击战争。"

对于刘少奇具有远见卓识地提出发动游击战争，后来彭德怀作了这样的评论：

"这一道理，在今天看来，这是极平常简单的，是很容易的，但在当时是很不容易的事。在这里证明了刘少奇同志不仅有白区城市工作的经验，他也懂得农村的敌后战场。"

1937年8月22日至25日，中共中央在陕北洛川召开政治局扩大会议。

这是抗日战争爆发后，中共中央召开的一次重要的决策性会议。

因刘少奇远在太原，未能参加会议。

这次会议决定：

必须坚持统一战线中无产阶级的领导权；在敌人后方发动独立自主的山地游击战争，使游击战争担负配合正面战场、开辟敌后战场、建立敌后抗日根据地的战略任务。

在山西搞统一战线，与阎锡山打好交道是关键。

山西牺牲救国同盟会是阎锡山认可的一个组织，而总干事薄一波就是刘少奇派去的。

随着山西形势日益危急，阎锡山深知单靠自己的旧军已不足以抵挡日军，他就想让薄一波组织一个团的新军。

薄一波来向刘少奇报告，刘少奇一听就兴奋地说：

"这是好事！赶快办！不要说一个团，就是一个营、一个连也要办！你赶快回去，把牺盟会的日常工作委托给一个合适的人，除了重大问题你过问一下外，主要工作就转到组建新军的工作中去！"

刘少奇还几次向延安发电报，要求派对游击战争有经验的干部到山西帮助组建新军。

在刘少奇的大力关注下，后来新军陆续扩充为四个纵队，五万多人，在配合八路军发动群众，开展抗日游击战争，建立敌后抗日根据地方面发挥了十分重要的作用。

作为一个领导人应该比别人看得更远些，想得更深些。

随着抗日战争的战略地位的确定和敌后游击战争的逐步展开，许多实际问题，包括各种基本政策，迫切需要得到明确的解决。

10月16日，刘少奇发表了他经过认真分析情况并深思熟虑后写出的小册子：

《抗日游击战争中各种基本政策问题》，署名陶尚行。

在这本产生了很大影响的小册子中，刘少奇系统地对抗日游击战争的必要性、前途、条件和各种政策进行了详细的分析和阐述。

刘少奇的这本小册子中那些已被后来的实践证明的正确的论断，是刘少奇在抗战刚刚爆发两个月，忻口战役还在激烈地进行时发表的。

这本小册子证明刘少奇对事物观察的敏锐和深刻，同毛泽东不久后在《论持久战》和《抗日游击战争和战略问题》中所论述的基本思想是一致的，从而有力地指导了华北抗日游击战争的准备和敌后抗日根据地的创立。

很快，一个引人注目的情况引起了刘少奇的关注：在山西北部已被日军占领的地区，过去的领导逃跑了，政府也被摧毁了，但广大乡村并没有日军或汉奸武装驻扎。

刘少奇和周恩来研究后，联名致电八路军总部，指示八路军政治部速派人去动员群众；建立基础的抗日武装；建立或改造当地的政权成为

民族统一战线的抗日政权。

贺龙的一二〇师很快在那些"无人管"地区发展起一批游击队，领到阎锡山拨给的枪支。

一二〇师还在一些地方建立政权，有些共产党员担任了县长，并积极建立起各级党组织。

11月8日，华北最后一个大城市太原失守。在失守前几天，刘少奇率北方局和八路军办事处撤到了临汾附近的刘村。

针对太原失守后，有些人出现的悲观绝望的情绪，刘少奇写了《关于目前形势与华北党的任务的决定》，在理论上为华北尤其是山西各地党组织的工作指明了发展方向。

遵照毛泽东的指示，刘少奇首先重点抓了晋察冀抗日根据地的建设。12月5日成立了"晋察冀边区临时政府筹备处"，1938年1月11日，敌后第一个抗日民主政权——晋察冀边区临时行政委员会成立了。这在全国是一个首创，对鼓舞沦陷区人民同日军战斗具有重大意义，成为插在日军占领区的一把尖刀。

刘少奇特别重视扩大八路军的工作，他把这一工作作为第一重要工作。在给中央的电报中，他说：

"似乎必须计划在三个月内扩大到十万，半年内扩大到二十万，再加以游击队的发展、友军的争取，才能争取游击战争很快转变为正规战，否则红军就有逼退过黄河的危险。"

回到延安

1938年3月14日，刘少奇回到延安，向中共中央详细报告华北敌后工作情况。

他本来准备在报告工作后就回到前方，却被中央留下来。

3月24日，中共中央书记处做出《中央关于北方局领导人员分开的决定》，指出：

刘少奇暂时住在延安，在中央的指导下，仍旧担负华北党的领导工作。

这完全是毛泽东对刘少奇的器重和依靠而做出的决定。

就这样从3月到11月，刘少奇留在延安，在此期间他最突出的工作有三项：

一是在党内比较早地从理论上回答了在平原是否可能建立抗日根据地的问题。

3月11日，刘少奇还未回到延安时，他和杨尚昆联名致电毛泽东、任弼时、朱德等，提出要发展河北平原的游击战。

3月21日，他在抗日军政大学作《华北战区工作的经验》报告，又明确地论证了在平原地区可以建立敌后抗日根据地。

一个月后，毛泽东、张闻天、刘少奇共同发出《在河北山东平原地区大量发展游击战争》的指示电，随后山西前方的八路军总部根据这一指示，电令第一二九师主力和第一一五师三四四旅一部迅速向冀南、豫北平原及铁路沿线展开。不久，又令宋时轮、邓华两支队组成八路军第四纵队挺进冀东。

这样，抗日游击战争在华北平原上逐步发展起来。

后来的实践证明，这是一个非常正确的具有战略意义的重大决策。

二是指导八路军收编零散武装。

在河北平原开展抗日游击战争，八路军面临一个复杂的问题，就是如何对付那些地方上的许多杂色部队。

这些武装自封司令，各立山头，有的打着抗日的旗号，有的还和日军暗中勾搭。

7月，刘少奇发表了《坚持华北抗战中的武装部队》的文章，对华北各种武装和对他们应该采取的政策作了采统的阐述。

中共冀中省委和冀鲁豫省委遵照刘少奇的文章中的指示，对那些杂色武装有的打，有的拉，有的改编，逐步统一领导，争取改造了大部分会门武装，编入八路军的约四万多人。

二是指导"冀东暴动"获得成功。

冀东主要指河北东北部遵化、丰润、玉田等地区。这里被日军侵占

刘少奇在延安杨家岭窑洞撰写《论共产党员的修养》。

得较早，1935年制造"冀东防共自治政府"的傀儡政权。

从1937年9月，刘少奇就开始策划"冀东暴动"，并作了充分准备。他指定比较熟悉冀东情况的李运昌回冀东进行起义准备工作；派八路军干部李润民、孔庆桐等到冀东参加暴动的组织准备和军事指挥。

1938年2月9日，毛泽东电示八路军总部和晋察冀军区，派出精干部队向冀东挺进，以便接应起义队伍。

4月刘少奇又急电河北省委书记马辉之到延安，由他和张闻天当面对冀东暴动做出明确指示。

就这样经过近一年的准备，从7月6日起，在冀东各地相继爆发人民抗日大起义，许多人自带枪支参军，许多伪警察、民团自动投诚。

起义遍及冀东二十一个县，参加人数达二十万人，编入队伍的抗日武装有十万人。

刘少奇在延安这段时间，还有两件高兴的事：

一是十四岁的大儿子刘允斌被他二哥从湖南老家送到延安。

二是中共地下党员找到了他十一岁的女儿刘爱琴?穴正给一家当童养媳?雪，并送到延安。

骨肉团聚，刘少奇自然非常高兴，却更加牵挂至今下落不明的小儿子刘允若。

1938年9月29日至11月6日，中共中央在延安召开六届六中全会。

用毛泽东的话说，这是决定中国命运的一次会议。

会议批评了王明的错误路线，肯定了以毛泽东为首的中共中央的政治路线。

刘少奇在延安

刘少奇在会议最后一天，作了《党规党法的报告》。

全会还做出一个重要决定：

确定了"巩固华北，发展华中"的战略方针。

为了从组织上保证这一战略方针的实现，全会决定撤销王明领导的长江局，设立中原局以加强党对华中工作的领导。

11月9日，中央政治局做出决定：

"决定以胡服（刘少奇）、朱瑞、朱理治、彭雪枫、郑位三为中共中原局委员，以胡服兼中原局书记。所有长江以北河南、湖北、安徽、江苏地区党的工作，概归中原局指导。"

就这样，中央又把"发展华中"的战略重任托付给了刘少奇。

11月23日，经过不到半个月的准备，刘少奇同朱理治、李先念、郭述申等几十名干部，分乘四辆大卡车，告别延安，踏上新的征程。

特殊 "秘书"

华中处于黄河与长江之间，联结中国的北方和南方，地域宽广，战略地位极为重要。

日军占领广州和武汉后，力图巩固这一地区，把它作为继续侵略中国并向太平洋南进的重要基地。

这时，刘少奇和他的战友们要挺进华中，在一片艰险的荆棘中打开华中抗日游击战争的新局面。

在华北，刘少奇和他的战友们创立的抗日根据地已经像尖刀一样插在敌人的心脏上，粉碎了日军把华北变成第二个东北的企图。

现在，他们要打造第二把尖刀，粉碎日军在华中建立重要基地的企图。

这是一次非常艰巨的任务，他们要迎战日军，还要面对国民党军队的反共摩擦，使这项工作倍加艰险。

11月28日，刘少奇一行到达河南西部的古老县城渑池，这是他前往华中的第一站。

因为刘少奇要在这里看看战局发展形势，更主要的是要等彭德怀来，好一同去洛阳做卫立煌的工作。

所以，在渑池刘少奇逗留了一个多月。

这期间，他召开了豫西特委扩大会议。还在豫西省委举办的党员干部训练班上讲话。就是在这里，他第一次系统地讲到了共产党员的修养问题。

1939年1月中旬，彭德怀来到渑池，随同刘少奇到洛阳，先后四次和卫立煌会谈。

卫立煌原是国民党第二战区副司令长官，同八路军在山西战场合作较好，与朱德建立了很深的私交。1938年底，卫立煌升任第一战区司令长官，兼任第二战区副司令长官。

1月下旬，刘少奇一行才到达此行的目的地——河南确山县的竹沟镇。

竹沟镇也就成了中共在中原领导抗战的指挥中心。

到竹沟镇后，刘少奇主持召开了中原局和鄂豫边区党委会议，在听取情况汇报后，做出相应的部署。

他派王海山、危拱之去信阳指挥新四军挺进纵队；

他派李先念从竹沟带一支游击队，去鄂中地区活动，加强对那里游击队的统一领导；

又派陈少敏从竹沟南下到鄂中区任党委书记。

他又电示豫皖边省委书记张爱萍：创立根据地最基本的工作，就是领导和建立地方党及地方武装，望切实抓好。

针对缺乏干部的问题，刘少奇在竹沟举办各种类型的干部训练班和党员训练班，他亲自讲课。

经过一段时期的工作，中原地区呈现出一片生气勃勃的景象。竹沟被四乡农民比成"乌云中的一块晴天"。

3月下旬，刘少奇被中央召回延安开会。

4月12日，他在中央书记处会议上报告华中的工作，说：我们的武装和党员都已发展到两万余人。

这么短的时间取得这样大的成绩，让与会者感到鼓舞，也不得不佩服刘少奇的工作才能。

在延安期间，刘少奇在延安马列学院作了《论共产党员的修养》的报告。

这是他在渑池讲话的补充和完善。

他的报告受到热烈欢迎，学员们反应强烈。

张闻天认为刘少奇所讲的正是广大党员所迫切需要的，请刘少奇尽快整理成文，在他主编的《解放》周刊发表。

刘少奇整理成文章后，张闻天送给毛泽东审阅。毛泽东说：

"这篇文章写得很好，提倡正气，反对邪气。"

于是《论共产党员的修养》在《解放》周刊分三次登载。

后应读者要求又出了单行本，共出三版。

这本小册子几十年经久不衰，先后印刷数十次，总印数以千万计。

还有英文、日文、捷文、荷文、西班牙文等多种译本在数十个国家发行，在马克思主义政党建设史上占有重要地位。

9月，刘少奇要从延安返回驻河南省确山县竹沟镇，传达中共中央六届六中全会精神。这时，抗日战争进入相持阶段，虽说正值国共合作时期，但是国民党在五届五中全会上确定了溶共、限共、反共的方针，国民党内的顽固派经常制造国共摩擦事件。刘少奇此行并不安全。

和刘少奇一起走的有原八路军——五师三四四旅旅长、新任新四军江北指挥部副指挥兼新四军第四支队司令员徐海东。

徐海东当时是到新四军去，他们正好一同前往。徐海东的公开身份是国民党第十八集团军的少将军事检察官。为了避免麻烦，刘少奇化名胡服。

在出发前，刘少奇对徐海东说：

"你有新四军副指挥官的公开身份，这次我们俩同行，用你的官衔作掩护，我就扮作你的'秘书'吧，你看怎么样啊？"

徐海东很高兴地说：

"好啊，我很高兴能与少奇同志同行。可是你当我的'秘书'，怕我没那么大的福分，我感觉很难胜任这个'官'。"

刘少奇却说：

"这是工作需要，我在白区工作的时候，扮演过许多角色，像工人、农民、教书先生、阔佬等等。跟敌人打交道，就和演戏一样，这有什么不好意思的。"

9月15日，他们离开了延安，一路奔波首先到达西安。

由于刘少奇这次是秘密出行，而徐海东又是国民党第十八集团军的高级检察官，所以与国民党政界打交道，都有徐海东出面应酬，刘少奇则以秘书的身份出现。

一天，有个形迹可疑的人，总在他们周围转。这时徐海东摘下军帽，刘少奇赶忙接过来，很像一个秘书对待首长一样。徐海东本来还有些不适应，此时，他也只好昂首挺胸，摆出一副高傲的官架子。

回到驻地，徐海东不安地说：

"少奇同志，今天差一点露了馅，我哪儿用过你这样的秘书呀。"

刘少奇笑着说：

"你这个人哪！这没什么，在外面我们就应该这样。看来你还得加强'演员'的心理训练"。

有一天，徐海东从衣袋里摸出几块钱，说：

"今天我请大家吃一顿"。于是带着"秘书"和几位同志进了一家西餐馆。落座之后，老板拿着菜谱，请他们点菜。大家你看我，我看你，谁也不知该怎么点，徐海东只好对刘少奇说："让咱们'秘书'点就行了。"

刘少奇见多识广，马上点好了菜。服务员拿来了刀叉，又送来了奶油、面包。

徐海东用刀子抹抹奶油说：

"娘的，什么东餐西餐，闹半天都是娃娃吃的玩意儿！"

大家都哈哈笑起来。这时，一个同志偷偷看看四周没有外人，就悄悄地说：

"哎，听说到了共产主义，一天三顿都吃这玩意儿……"

"这东西吃多了还不腻呀！"有人小声说。

"那也不一定，我看到了那时候，中国人要吃中国饭……"刘少奇还没有说完，服务员就来上菜了。

9月18日，他们到达洛阳，住进了位于洛阳老城内的贴廓巷56号八路军驻洛阳办事处。

到洛阳，刘少奇的主要任务是召集会议，听取汇报，传达中共中央六届六中全会的精神，指导豫西省委的工作。徐海东以新四军官员的身份开展国民党上层统一战线工作。

第二天，徐海东拜访了国民党战区司令长官卫立煌。卫立煌因夫人去世，不能宴请徐海东一行，就让他的参谋长郭寄峤代请。正在说话时，刘少奇走进屋来。郭寄峤突然站了起来。徐海东急中生智，抢先说："这是我的……"

徐海东"秘书"二字未说出口，郭寄峤已经握住了刘少奇的手说："认识，认识，刘先生驾到，鄙人确实不知，失礼失礼！"

徐海东一惊，生怕有什么闪失。

刘少奇很是镇定，说：

"我不过是路过此地，不想打扰。请代我问候卫司令长官。"

他们坐下来像是老熟人一样攀谈起来。分手的时候，郭寄峤请他们方便的时候去赴宴。

徐海东不知是答应好还是不答应好，刘少奇却说：

"感谢郭先生盛情，我们一定登门拜访。"

送走了郭寄峤，徐海东说：

"少奇同志，这不暴露了你的身份了吗，要是传出去可怎么好？"

刘少奇却不这么看，说：

"我看问题不大，我们正好借这个机会宣传我们的抗日主张。"

一天，他们去拜访了郭寄峤。席间，刘少奇慷慨陈词，向郭寄峤和在座的人宣传了我党的统一战线政策，批驳了恶意的攻击，收到了很好的效果。

为了刘少奇的安全，第二天他们就出发了。在离开洛阳前，徐海东作了安排，让刘少奇以秘书的身份坐在大汽车上前行，他带上家眷乘坐小车随后。

当大汽车开到南城门要出城时，被国民党宪兵岗哨拦住了去路，说是要检查全部东西。

徐海东坐的小车子追了上来，大吼一声：

"你们要干什么？"

那些国民党宪兵一看来了个少将，赶忙给他敬礼，说明情况。徐海东训斥说："多此一举！"

汽车顺利通过了哨卡，飞奔在平坦的大道上。

中午休息时，刘少奇和徐海东从车上下来，不约而同地笑了起来。刘少奇指着徐海东的少将肩章笑着说：

"看来你的官衔还真有用处呢！"

"嘿嘿，这只不过是吓唬'他们'的。"徐海东松了一口气说，"这些天，我睡都睡不实，真害怕出点什么差错。"

刘少奇仍笑着说：

"今晚你可以睡一个好觉了。"

确实如此，他们能离开洛阳就意味着走出了国民党严密控制的地区。刘少奇的"秘书"职责和徐海东的"长官"使命，已经圆满完成。

10月上旬，刘少奇又返回竹沟。

由于国民党顽固派反共逆流愈演愈烈，刘少奇预感到国民党很快就会发起武装进攻。于是做出紧急的相对部署。

部署之一就是立即把中原局机关及干部大队、教导队学员三百多人撤离竹沟，转迁到安徽涡阳以北的新兴集。

就在他们刚撤离竹沟十几天，国民党武装占领竹沟，对留守的中共抗日干部、战士及家属二百多人进行屠杀，制造了令人发指的"确山惨案"。

可想而知，如果刘少奇不及时率众撤离，那损失将更加惨重。

根据战局的变化，到新兴集后不久，刘少奇和中原局确定了"工作重点向东移"的战略意图。

为了贯彻"向东发展"的战略意图，刘少奇和中原局做出了周密的安排和部署，但也受到阻力：

12月19日，刘少奇向项英传达东移指示，可项英却不同意刘少奇的意见，尽管中央支持刘少奇的意见，项英仍顽固地强调"非独立行动坚持江南不可"。由此埋下"皖南事变"的隐患。

1939年12月，刘少奇准备前往华中抗日根据地，在他走之前，通知朱邵夫、赵荣声先后到渑池八路军兵站汇报工作。

这两人是国民党卫立煌部共产党秘密支部的主要成员。朱邵夫是前敌总指挥部特务营指导员，而赵荣声是卫立煌的秘书。

在一个寒风呼啸的夜晚，刘少奇和赵荣声又围坐在火炉旁。赵荣声得意地对刘少奇说：

"卫立煌提出要加入共产党，所以，我们这个支部准备发展他入党。"

刘少奇郑重地向他说道：

"中央最近刚开过会，讨论了统战问题。有些事情和你们这里有关系，怕你们搞出了差错，我特地找你们来说一说。"

刘少奇说着随手点了一支烟，风趣地说：

"你的胆子不小，想挖蒋介石的墙脚。"

接着，他又说：

"你想替党做点工作，当然是好的，但是你知道吗？你这样做不但对党没有好处，反而有危险。"

赵荣声不解地看着刘少奇。

刘少奇继续说：

"中央军是蒋介石命根子，卫立煌是蒋介石的台柱子。他跟随蒋介石多年，现在又重兵在握，你们想把他挖过来，蒋介石怎么会甘心呢？况且我们都和国民党讲了，彼此都不在对方的党、政、军搞党的活动，不建立党的秘密党支部，我们就要言必信，行必果，所以我们不能挖他的墙脚。如果你们这样做了，被蒋介石知道了，他就不会把力量对付日本，这样就会动摇抗日战争的大局。"

赵荣声听了刘少奇的这些话，为之一震。但他仍替自己辩护说："参加共产党是卫立煌自己提出来的，也不是我们有意引导他这么做的。"

刘少奇笑着说：

"你原来还说让他看延安刊物和生活书店里的小册子，这不是引导吗？"

沉默了一会儿，刘少奇又说：

"你们把事情看得太简单啦。人常说'一言兴邦，一言丧邦'，你总会懂得这两句话的意思吧。"

刘少奇又传达了党中央的决议：

"撤退在国民党军队中所有的我党秘密党组织。根据党中央的精神，要把你们这个支部解散。从现在起，你们以个人身份参加国民党军队，当卫立煌部下，停止组织生活，停止和党的联系，保留党籍，长期隐蔽下去。"

赵荣声一听，惶惑地说：

"那我们在那里做什么？"

刘少奇说：

"《孟子》中有这样一句话'人有不为也，而后可以为也'。所以解散党支部的目的不是消极的。相反，是以退为进。"

为了做通赵荣声的思想工作，刘少奇问：

"共产党奋斗的目标是什么？"

赵荣声不假思索地说：

"实现共产主义。"

刘少奇说：

"在今天，阶级斗争是以民族斗争的形式出现的。如果只知道抗日，不知道阶级斗争；只讲联合，把自己变成国民党的附庸了，那不是要亡党，断送革命了吗？中国革命非常复杂，我们工作中要采取种种不同的方式方法。

"蒋介石是靠枪杆子起家的，卫立煌掌握着兵权。我们要和他搞好关系，将来大有用处。现在，你们和卫立煌的关系还浅，所以你们要尽心地帮助他做事，赢得他的信任，让他采纳你们的意见。要真正成为他的心腹，需要十年八年，甚至更长的时间，你们要跟着他做大官，官越大越好，这就是你们的成绩。"

最后，刘少奇又说：

"以后，有事情我会派人来找你们，你们以后要和党断绝一切来往，不许找八路军办事处、兵站，西安八路军办事处也不要去。"

赵荣声对此不能接受，他说：

"不参加党的组织生活，不看党的文件，就不知道党的政策，就不知道怎么做工作。我不同意。"

刘少奇说：

"你可以看党的公开报纸啊。"

谈到最后，赵荣声仍坚持一定要有人联络，如果完全断了线，就不干。刘少奇答应了他的要求。

刘少奇与赵荣声在渑池兵站畅谈了三天两夜。当赵荣声回去后，向大家传达了他与刘少奇的谈话，好多同志想不通。刘少奇又亲自做他们的工作，经循循善诱的说服教育，使他们愉快地回到了原来的工作岗位。

战斗在皖东

1939年冬的一个早晨，在皖东津浦路西地区定（远）滁（县）边界太平集缸窑胡山庄，新四军第四支队政治部组织科方志明接到通知：让他到支队司令部接受任务。

当他到司令部后，支队政委满面笑容地交给他一封信，并嘱咐他说：

"你去接胡服同志，今天我们要开干部大会，请他来讲话。注意啊，天冷，有七八里路，胡服同志未来过，要把路带好。"

方志明高兴而又激动地说：

"保证完成任务！"

方志明接受任务后，急忙向胡服同志的住地——永宁集奔来。

这天，天气特别好，日暖风和，天也不太冷了。方志明轻快地走着，边走边想：

这两天，在司令部政治部驻地周围，满目都是"欢迎胡服同志，欢迎徐海东同志！""拥护胡服同志来领导我们战斗！"的大红标语。这一张张标语吸引了每一个同志，大家三五成群地议论："胡服同志是什么人啊！怎么没听说过呢？名字排在徐海东前面，想必比徐海东的官职更大喽？这可能是党中央领导同志的化名。"

想到这里，方志明心里不禁感到紧张起来。要为党中央领导同志引路，一路上他会问些什么，自己该怎么回答？想着想着，不知不觉，就到了目的地。

胡服同志住在一个普通的农家小院，土坯砌的墙，茅草盖的屋，经阳光一照，泛起刺眼的黄光。

方志明由警卫员领到一个窄小的屋里，一位秘书接过方志明手里的介绍信，看了一下，然后说：

"首长昨晚工作到深夜，才起来吃一点东西，马上就走。"秘书说完，给方志明倒上一杯开水。

方志明一杯开水还未喝完，就见一个身穿灰色粗布军装的中年男子从里屋走了出来。他身材高大，神态严肃而又和蔼。方志明想：这一定就是胡服同志了。一时不知怎么是好，慌忙敬礼。胡服同志笑着和方志明握手，亲切地问：

"你就叫方志明？那我就叫你小方同志。请你带路到司令部去……"

他们离开了农家院落，向太平集走去。

胡服同志步行一段后，骑上一头灰色小骡子。两个警卫员在后面，方志明走在前面带路。

方志明很想回头看看这位中央领导同志。但又不好意思多望。当走到田坎小埂时，方志明赶忙过去牵着牲口，趁机多看了几眼。方志明本想说话，但嘴张了几张，不知从何说起。胡服同志这时也好像看出了他的心思，温和地说：

"小方同志，你今年多大了？"

"报告首长，我今年十八岁了。"

"什么时候参加的新四军呀？"

"去年春"。

"呵，不错嘛！哪里人呀？"

"南京。"

"哟，还是大城市呢。"

一边说一边走，不知不觉走到了皇甫山下。踏着丘陵小道，看着正在地里劳作的人们，胡服同志又问道：

"小方同志，你为什么要参加革命呀？"

"我家里穷，日军又打进中国来了。"

"你想了没有？革命是危险的，不怕吗？"

"不怕！"方志明痛快地回答着，心里还想到：这谁不知道啊，革命不怕死，怕死不革命嘛。

胡服同志像看透了方志明的心思，又说道：

"讲的容易啊，做起来是不容易的，年轻人革命热情高是好的，更要革命意志坚定才行。你说呢？"

"首长，你说得很对，我一定努力锻炼。"

这时胡服同志把一支香烟放在嘴上，但几次没有点着，他风趣地说：

"小小火柴要和我开玩笑啦，走着擦不着，停住就好擦着了。"牲口停住了，方志明急忙走过去，为他擦着火柴。他笑着说：

"还是你们年轻人行。"

经过在这一段路上的谈话，方志明觉得胡服同志是一位和蔼可亲的领导，于是说话也就不那么拘谨了。

胡服同志一边抽烟，一边接着说：

"小方，干革命不怕死，是好的。可是我们国家穷呀，我们党和军队由于国民党老蒋他们的封锁限制，经济很困难，再加上日军打进来的大破坏，革命更苦了，你也不怕吗？"

"不怕。"方志明心想，死都不怕，还怕苦吗？

"嗯，大城市来的青年能这样，真不错啊。"胡服亲切地鼓励道。

走着走着，已经隐约地看见太平集了。胡服指着前方问方志明：

"那岗上的圩子就是你们司令部吗？"

"是的。"

"呵！你们今天来开会的人不少吧？"

"听说要开干部大会，人要坐得满满的了。"

"人多好哇，大家在一块热火得很，你过得惯吗？"

"渐渐地就惯了。"

"在革命大家庭里生活，你受过委屈吗？"

这一问可把这个才参加革命，刚入党的方志明给问住了，他说：

"我来革命队伍里不久，还不懂得受委屈呢。"

"我看你这样年轻，可能还未受过委屈。要长期革命下去，在党和革命队伍内受点委屈，就像行路中风沙刮到眼睛内一样，是难免的，这也是一种必要的锻炼；干革命也要懂得委曲求全，这个道理你会渐渐明白的。"

"我一定弄懂它，首长。"

突然，天空中传来了几声鸟叫声，他们顺着声音望去，只见成群的大雁排成八字形，整齐地由北向南飞来。

胡服同志笑着说：

"你看到这群大雁里领头的在哪里？"

"看不到嘛！"

"怎么看不到呀！天地之间，任何成群的队伍里都有领头的，没有头怎么行呢？！我们革命队伍里领头的就是中国共产党，我们党和革命队伍的领袖就是现在延安的毛主席嘛。"

"啊呀，这下可懂了……"

他们走完了七八里路，到达了太平集，胡服同志也早早地从坐骑上下来。

这时，从欢迎的人群中走出了司令员和政委，一见到胡服同志，他们就敬礼说：

"少奇同志您好。"

"啊！"方志明同志恍然大悟，原来胡服就是刘少奇，他激动地赶忙向刘少奇敬礼。

刘少奇伸出温暖的大手握住方志明的手说：

"小方同志，好好干吧。"

方志明高兴得说不出话来，眼含着泪花，深深地点了点头。

在这一段路上，刘少奇的谆谆教诲，为一个十八岁的革命青年指明了革命的道路，让他真正懂得了革命的道路是曲折的，不仅要不怕苦，不怕死，而且在革命内部要懂得委曲求全。

1940年春，国民党的反共进攻更加猛烈，刘少奇在征得中央同意后，决定予以反击。

刘少奇把政治家的胆识与灵活斗争策略运用到军事指挥上来，在张云逸、郑位三、邓子恢等协助下，制定了对付各路国民党武装的不同策略。

1940年3月13日，他们指挥新四军第四、第五支队主力，先将国民党从南路进犯的李本一部击溃，乘虚攻占定远县城，迫使敌颜仁毅部撤兵回援定远，又令第四支队在定远县南的高塘埠伏击颜部，将其歼灭，颜仁毅逃往寿县。

两次激战，共歼灭李品仙部二百五十多人，粉碎了桂军在路西发动的进攻。

可就在桂军进攻路西时，苏北国民党韩德勤部集结六个团一万多人，3月19日向半塔集——新四军第五支队指挥机关所在地，发起进攻。

因第五支队出击路西，留守路东只有两千人左右，情况十分危急。

刘少奇果断命令半塔集死守；又令鄂东的李先念等停止冲突，做出

和好姿态；急令路西主力回师半塔集救援。

中塔集守军苦战八昼夜，打退韩德勤部十多次进攻，守住了阵地。

3月28日，罗炳辉率第五支队主力、苏皖支队和第十一支队第七团东回路东，将敌人击溃。

这时刘少奇又通过陈毅调已经渡江北上的叶飞部挺进纵队，抢渡运河西援，在六合县境重创韩德勤主力独立旅。

在新四军东西援军进逼下，韩德勤部全线动摇，仓皇北撤。

对于定远县城，刘少奇果断决定成立抗日民主政府，委派江北指挥部统战科长魏文伯任县长，而拒绝有人提议把国民党的县长请回来。

皖东抗日根据地的建立，初步改变了新四军原来在华中所处的极端困难的地位，是华中工作的重要转折点。

保命的羊皮袄

皖东局面初步打开后，发展苏北就成为迫切需要解决的问题。

就在半塔集战斗刚刚胜利时，毛泽东致电刘少奇、朱德等，指出：

华中之皖东、淮北、苏北成为顽方必争之地、目的在隔断我八路军新四军之联，陷新四军于危境。

刘少奇的想法和毛泽东的战略意图是一致的：华中的主要发展方向是苏北。

但要发展苏北并不容易，国民党留在苏北为首的韩德勤担任江苏省政府代主席兼鲁苏战区副总司令，号称拥兵十万。

刘少奇决定先派叶飞的一个纵队先挺进苏北，因为该团在苏北活动有一定基础，便于打开局面。

刘少奇找叶飞谈，叶飞没意见，可叶飞部归江南新四军项英指挥。

项英不同意叶飞部挺进苏北，先要求向皖浙发展，又提出让叶飞、陶勇两部调回皖南。

刘少奇坚决反对项英的主张，他致电项英指出：

中央决定江南部队立即向苏北发展，江南应为钳制方向，且江南武装冲突尚未发生，或者还可和缓一短时，请暂缓调动叶张?穴陶勇?雪两团，以便两线作战。

1940年4月19日，刘少奇致电中央，谈明叶飞、陶勇部队南调是危险的，表示他坚决反对南调。恳请中央决定让叶飞、陶勇部队去发展苏北。

中央和军委同意刘少奇的意见，并电示刘少奇：

望令叶飞部开返苏区，在苏北地区放手发展。

4月底，叶飞率部东返苏北江都驻地，但孤军深入，很快就陷入险境：被日军四千多人、国民党李明扬、李长江部、韩德勤四个团层层包围，情势甚为紧急。

而这时，刘少奇请求中央派一部分来支援苏北的八路军却迟迟不到。

八路军派来苏北的是太行的黄克诚部和山东的彭明治、朱涤新支队。

八路军不到，刘少奇手里可指挥的新四军主力不仅要对付日军的"扫荡"，而且还要迎战国民党江苏省保安队的趁机进攻，根本抽不出兵力去救援陷入重围的叶飞部。

5月22日、24日、26日，刘少奇连续急电中央：

> 望三四四旅（属黄克诚部）及彭、朱支队星夜赶来皖东北，以便一举解决苏北问题。否则以后形势将更加困难。

在刘少奇的急催下，6月初，彭明治、朱涤新率八路军苏鲁豫支队一部首先到达皖东北；黄克诚部八路军第二纵队两个旅的先头部队也将越过陇海铁路，到达豫皖苏边与彭雪枫部会师。

6月下旬，黄克诚率部五个团一万二千多人到达豫皖苏边。

6月28日，敌李长江、李明扬部以十三个团的兵力，向叶飞驻在泰州西北的郭村的纵队司令部发动猛攻。

叶飞指挥部队灵活机智地各个击破，战况至为激烈。这就是著名的"郭村保卫战"。

为了救急，刘少奇急调新四军第五支队两个团和先期到达的八路军南进赴援。

他又致电彭雪枫、黄克诚，让他们速派兵挺进皖东北。

但黄克诚、彭雪枫按兵不动，他们认为华中部队主要发展方向应该向西，不同意刘少奇提出的"向东发展，向西防御"的战略部署。

黄克诚不来，不仅兵力不足，也无法统一指挥。

刘少奇一面敦促黄克诚速来，并详细解释中央"向东发展"的战略意图，一面电请中央速派人来苏北统一指挥新四军、八路军。

可中央已无合适的人可派，刘少奇只好一身兼起军事、政治、党务、群众工作等各方面的领导责任。

夏天的一天，刘少奇来到了淮北泗县，向新四军四纵队的同志传达党的指示。

这天下午，人们久久盼望的时刻终于来到了，顿时，淮河边上人声欢腾，有的人喊："胡服同志来了！"有的说："那不是刘少奇吗！"有的恍然大悟地说：

"原来说的胡服就是刘少奇啊！"

顺着人们手指的方向看去，只见刘少奇穿着一身洗得发了白的灰色军装，轻挽着马僵，微笑着走下了渡船，洛岗村沸腾起来了，掌声和口号声响成了一片。

刘少奇谦逊地向人群招着手。从四面八方赶来的军政干部，纷纷向刘少奇的住处赶来。

刘少奇到了淮北以后，当晚就听了张爱萍等人的汇报。他们谈了很多，一直到凌晨。

当时在下边工作的同志难以看到中央领导同志，当晚他们就商定，第二天请刘少奇给部队的干部作一次报告。刘少奇答应得很爽快，说：

"好嘛，明天就讲。"

殊不知到了第二天情况有变，日军要来"扫荡"。当刘少奇得知这一情况后，仍然笑着说：

"好嘛，既然敌人要来，那我们就先反'扫荡'，话嘛还是要讲的。"

张爱萍找来一匹枣红马，要刘少奇骑上和大部队一起走。

经过一晚的急行军，他们到了离淮河不远的地方宿营。

就在这时候，国民党江苏省保安第一纵队司令王光夏撕掉了抗日的假面具，公然向根据地进攻。

张爱萍等同志，向刘少奇请示对敌政策。

刘少奇正在和刘彬等同志谈论工作，张爱萍进来，开门见山地说道：

"胡服同志，我们处在三面夹击之中，形势非常困难。"

刘少奇听完情况，认真地看着地图，问张爱萍：

"你说我们该怎么办？"

张爱萍非常气愤地说：

"依我看是不打不行了，王光夏经常和我们闹摩擦，这次竟公开对我们进攻，是应该狠狠地回击他们的时候了！"

刘少奇把桌子一拍说：

"对！毛主席说，'人不犯我，我不犯人，人若犯我，我必犯人。'我们在反日本鬼子的扫荡，他们却来打我们，这是在逼我们还手。我们打他们是有理的，这一点，你们要对干部讲清楚。"

接着，他问道：

"我们与他们交锋有把握吗？"

张爱萍回答说：

"我们有三个主力团，一个独立团，还有几支小的游击队，其中有两个团战斗力较强。就我们的兵力，如果不牵制日本鬼子，打垮王光夏还是有把握的，但要消灭他是有困难的。"

"这就是说，要把王光夏赶出根据地还是可能的？"刘少奇沉思着反问道。

张爱萍说："是这样。"

刘少奇走到地图前，指着地图与大家共同分析敌我的情况，并分析了部队的政治情绪，指出现在的情况确实严重，如果打了情况反而会变好。

最后，刘少奇坚决地说：

"我们既然有理有利，就坚决地打垮顽固分子的进攻！一定要把这些道理在部队里进行深入的动员。"

在刘少奇的指示和组织下，我方部队歼灭了王光夏两个团，把他们赶回运河以东，完全恢复了原有的根据地。

战斗胜利结束以后，刘少奇见到张爱萍，首先问部队的伤亡情况。

张爱萍说：

"打这种顽固分子是不会有太大伤亡的。"

刘少奇说：

"伤亡不大，这很好。我们不仅要学会消灭敌人，还要学会保护自己。"

张爱萍脱下羊皮袄，轻松地说：

"胡服同志你看，一颗子弹打在这上边，差点要了我的命。"

刘少奇一惊，忙问：

"怎么搞的？"

说着把张爱萍的衣服撩开，看了伤口后又说：

"这皮袄倒是给你保了险！快！让医生给上点药。"

张爱萍说：

"这算不了什么。当时我正在向团长交代任务，忽然觉得谁在背上打了一拳。还以为谁开玩笑，往后一看，是挨了敌人一枪，子弹把羊皮袄穿了一个洞，背上只受了一点轻伤，子弹头落在衬衣里。"

由于当时部队供给比较困难，到了6月，战士们还是穿着过冬的棉衣。

这时刘彬在一旁笑着说：

"多稀罕，6月里穿皮袄，真有福气！"逗得大家都哈哈大笑。

刘少奇这时严肃而又含蓄地对张爱萍说：

"人家要你当指挥员嘛，哪里是叫你去当侦察兵！在一次战斗里，指挥员的伤亡对战斗胜败的影响是不同于一个战士的。"停了一会，他拍着张爱萍的肩膀，风趣而深有寓意地说：

"这羊皮袄是不能经常保险的呀！"

叶飞指挥的郭村保卫战，经过五昼夜激战，在7月2日取得全面胜利。

7月3日，陈毅从江南赶到郭村，又做了许多工作，要求李明扬、李长江合作抗日，争取了二李的中立。

7月8日，粟裕率领江南指挥部及两个团东渡北上，遵照中央指示，将江南指挥部改为苏北指挥部，把部队统一编为三个纵队，共辖九个团七千多人。陈毅、粟裕任正副指挥。

7月23日，陈毅率全军开始东进黄桥，协同地方党组织发动群众，进行抗日根据地的建设。

8月2日，刘少奇致电陈毅指出：

苏北各部队（包括八路军南下部队及渡河支援的第四、第五支队）将来由你担任战役上的统一指挥。

把军事指挥权分给陈毅一些，刘少奇稍微感到压力减轻点。

8月7日，黄克诚理解了中央的战略意图，率部到达皖东北。

因为毛泽东打给黄克诚的电报指出：

今后一切具体行动由胡服（刘少奇）之命令实行之，克诚、雪枫、彭、朱等均应服从胡服之指挥！

8月10日，黄克诚赶到盱眙县中原局驻地，同刘少奇见面。

这时皖东北的共产党部队已有两万两千多人，统一指挥仍是大事。

刘少奇在黄克诚到达后，致电中央批准黄克诚为皖东北各部队总指挥，中央复电同意。于是中原局宣布把皖东北各部队合编为八路军第五纵队，以黄克诚为纵队司令员兼政委，下辖三个支队。

8月底，秋水暴涨，苏北和皖东洪水泛滥、交通受阻。

韩德勤认为八路军和新四军各部不便相互支持，决定"先南后北"，集中优势兵力先吃掉陈毅所部，再回师消灭北面的八路军。

对韩德勤的阴谋，刘少奇已觉察到了。

9月1日，他致电陈毅和粟裕，指出：

估计韩德勤最近可能进攻我们，而先进攻你们的可能性最大，但也有先进攻北面的支队可能。如果韩部先打你们，我会令苏北各部不顾一切南下，但韩部如先向北进攻，你们也当向东台盐城北进增援。

9月3日，韩德勤果然以两路大军开始向陈毅部发动进攻。

刘少奇原想利用这一机会挥师南下，占领盐城、东台、兴化、阜宁，完全解决苏北问题，可中央从国共合作的大局出发，不想狠打国民党，指示停止黄克诚的八路军南进，集结待命。

刘少奇根据这一指示，就让八路军在皖东和皖北地区迎击日军的"扫荡"。

到9月下旬，韩德勤的大军已把陈毅部追得退至黄桥，并亲自指挥三万多兵力南下，企图歼灭陈毅部于黄桥地区。

苏北决战势不可免。

9月27日，刘少奇致电请示中央：能否抽一部兵力南下增援陈毅部队？

同时，他指示黄克诚速令五纵一支队东出阜宁，首先控制阜宁益林，同五支队打通，以便在必要时南下增援和在敌人扫荡时转移。

中央仍认为决战的时机不成熟，不同意增兵南下。

刘少奇只好致电陈毅：你们应独立打破重围。

但9月30日，陈毅部的退路因沿江船只被韩军劫走，已被切断。

中央知道若不救援，陈毅部就可能全军覆没，于是一面致电重庆的周恩来，让他与国民党高层交涉一面令黄克诚部南下，并指示：

韩军若打陈毅部，黄部就打韩军，韩军不打，黄部也不打。

10月4日，黄克诚率八路军第五纵队主力兼程南下，突破韩军防线，连克阜宁等城镇，直逼盐城，切断韩军的归路，威胁到他的大本营兴化，并对韩军造成南北夹击之势。

这期间，陈毅部独立作战，以七千人的劣势，机智灵活作战，歼灭韩军一万多人。

韩德勤气得要发疯，因为他没想到二李和陈泰运部都保持中立，竟然连泰兴和清江的日军也"坐山观虎斗"，他本想一口吃掉这块肥肉，却硌掉了门牙！

10月10日，黄克诚部攻占盐城，陈毅部北上进抵东台，两军的先头部队已在盐城、东台之间的白驹镇狮子口桥胜利会师。

韩德勤部只好撤退。

送 鞋

1940年深秋的一个晚上，刘少奇和方毅等领导同志在时集办事处召开了一个紧急会议。会议结束后，由于事情紧急，有一份通知必须赶在天亮之前送到天长去。他们决定派村民许永之去。许永之平时办事非常认真细致。刘少奇就让人把许永之叫来，告诉他有一个紧急通知需要他连夜跑一趟天长。

许永之一听是紧急通知，二话没说，接过通知拔腿往外就走。

"等一下。"刘少奇突然叫住了许永之。

这时，许永之已经走到门口，正抬脚要跨过门槛。刘少奇注意到他竟然光着脚，这才急忙叫住他。

来到许永之面前，刘少奇把自己脚上穿的那双布鞋脱了下来，使劲塞到许永之的手中，说：

"天又冷，光着脚怎么行呢？快把鞋穿上吧。"

许永之眼中含着热泪，激动得一句话也说不出来，赶忙穿好鞋子，急匆匆地上路了。

一路上，许永之心里热乎乎的，深秋的寒夜，他一点也不觉得冷。虽然深一脚浅一脚地走在乡村的小路上，但是却感到脚下却是无比舒服，浑身有使不完的劲。

刘少奇的情况方毅知道得很清楚：刘少奇也仅有这一双鞋子。

看着他光着两脚站在地上，一副寒酸的样子，真难让人相信这就是身为中原局书记的刘少奇。

方毅不由笑着对刘少奇说：

"那你光着脚怎么办啊？"

刘少奇故意做出一副无可奈何的表情说：

"在你的地盘上，当然由你想办法喽！"他这句话一出口，顿时引得大家哈哈大笑。

夜已经深了，气温很低，光着脚站在地板上，滋味可不好受。方毅赶快找了一双浅口的胶鞋给刘少奇穿上。

八路军和新四军的胜利会师，打通了华北、华中的联系，粉碎了国民党企图把八路军、新四军困死在黄河以北的阴谋，使华中敌后形势根本改观。

至此，东进的战略方针基本实现，苏北的问题基本解决了。

可刘少奇还想最终解决苏北问题，那就是驱走韩德勤，建立抗日民主新江苏。

他认为现有华中四万八千七百人的总兵力，可以与韩德勤决战。

但中央不同意与韩决战，电令"积极整军，沉机观变"。

但由于津浦路根据地遭到桂军猛攻，频频告急，中央终于同意打韩德勤，但指示不打韩的老巢兴化。

刘少奇和华中总指挥部的其他领导人决定先打曹甸，因那里是控制通过运河同皖东联系的战略要地。

11月29日，曹甸战役打响。

战役第一阶段，进攻顺利，到12月6日，已冲破韩军三道防线，把韩军逼到曹甸、安丰、东桥一线。

可战役第二阶段却受阻，韩军依仗曹甸的高围墙、水网地带拼命死守，八路军和新四军久攻不下。

曹甸战役受挫，让刘少奇冷静下来，致电中央建议停止曹甸战役，苏北问题的解决，仍须执行以前战略，不可急于求大成。

毛泽东复电同意刘少奇的意见。

于是，打了十八天曹甸战役，在12月19日结束，苏北各部返回原防地。

此战共歼韩军主力八千多人，新四军和八路军伤亡约两千人。

巩固壮大

曹甸战役刚结束不久，"皖南事变"就爆发了。

1941年1月6日，原在皖南的新四军军部及直属部队九千多人，遵照国民党军事当局的命令移师北上，经过安徽泾县茂林山区，突然遭到预先埋伏在这里的国民党七个师八万多人的包围袭击。

1月9日，刘少奇接到身陷重围的新四军军部的告急电报：

> 我江南〔部队〕遵令北移被阻，战况激烈，请向国民党严重交涉。

刘少奇立刻把这一严重情况电告中共中央。

他情况不明，心急如焚。

他顾不上吃饭睡觉，日夜不停地守候在译电室旁，焦急地等待着从新四军军部时断时续发来的电报。

他平时每天只抽一包烟，而这时他每天五包烟还不够。

1月12日，刘少奇向毛泽东建议"围魏救赵"：让山东的朱瑞、罗荣桓准备包围国民党沈鸿烈部，苏北准备包围韩德勤部，敌人不放新四军就把这两部全歼！

毛泽东复电同意，令刘少奇十日内准备完毕，待命攻击。

刘少奇立即和陈毅进行兵围韩德勤的准备。

但还是迟了。

1月14日，最后消息传来：

新四军皖南部队苦战七昼夜，因弹尽粮绝，除两千人突围外，大部牺牲、被俘或散失；军长叶挺被扣留，项英等遇难。

1941年，刘少奇（左一）与陈毅（右一）同在新四军工作的奥地利医生罗生特在苏北盐城合影。

刘少奇收到电报，冷静地权衡利弊，向中央提出针对"皖南事变"，中共要在政治上全面反攻，而在军事上暂时不实行反攻的重要建议。

他提出这一建议，主要是因为共产党和国民党现在翻脸大打，最终受益的将是日军。

1月17日，国民党恶人先告状，发布通令诬蔑新四军为"叛军"，宣布撤销了新四军番号。刘少奇和陈毅联名致电中央，建议重建新四军军部，与国民党进行针锋相对的斗争。

中共中央接受了这一建议，1月20日发布命令：任命陈毅为国民革命军新编第四军代理军长（代理是基于对叶挺的考虑），张云逸为副军长，刘少奇为政治委员，赖传珠为参谋长。

由于把八路军黄克诚部和彭雪枫部各编为新四军的一个师，使新四军共编有七个师。师长分别为：

粟裕、张云逸、黄克诚、彭雪枫、李先念、谭震林、张鼎丞。

新组建的新四军共九万多人，以新的姿态转战在大江南北。

皖南事变后，原以项英为书记的东南局已不能发挥作用，中央决定把东南局并于中原局，后根据刘少奇的建议改为华中局，由刘少奇为书记。

5月6日，刘少奇主持召开华中局扩大会议。他指着地图，全面分析了华中日军、国军、共军三方形势，提出了"发展易，巩固难，现在我们要做的就是巩固工作"的重要指导思想。

要巩固根据地，必须和当地老百姓打成一片，这期间刘少奇做了许多细致的工作，而他领导的华中局做得最漂亮的一件事就是为老百姓修成了阜宁县东部的一道海堤，对争取苏北士绅和人民群众产生重大影响。

这道海堤在1939年，由于年久失修，当海啸到来时，海水倒灌，造成重大灾害。1940年韩德勤拿出二十万修筑海堤，可那些官吏偷工减料，从中克扣，所修海堤低矮而不坚固，海啸一夜又崩决，又造成灾害，死人无数。

1941年，任中共华中局书记、新四军政治委员时的刘少奇。

1941年修海堤的问题摆在了共产党面前，修还是不修？

刘少奇和其他领导研究后，拍板决定修筑海堤，而且不用人民担负钱，以盐税作抵押发行公债，由政府偿还。

海堤工程从5月15日开始动工，到7月5日修成。海啸7月6日就滚流而来，水位比1939年还要高六寸，时间也延长二十分钟，但新的海堤高大坚实，屹然不动。

当地老百姓乐坏了，齐声赞颂共产党好。

要巩固根据地就必须对付日军的"扫荡"。根据以往反"扫荡"经验，刘少奇、陈毅提出以下战术原则：

一、主力部队应该分散，避免正面决战，同时选择敌之间隙，给敌以致命的打击；

二、地方部队采取小部队动作，以连、排为单位分散作战，其原则是就地游击，就地纠缠，予敌以袭扰，使敌行止住宿均不得安宁。缩小甚至阻止敌人烧杀。

三、在地方部队不强的地方，主力应派出一部配合地方部队，地方部队尽可能调动人民自卫武装共同参战。

6月中旬，日军又开始空前的大规模"扫荡"，前锋直逼盐城。

开始，由于对敌情估计不足，加上盐城的重要，刘少奇和华中局下令死守盐城。可逐渐发现日军援兵众多，坚守肯定会吃亏。

刘少奇和陈毅果断作了纠正部署：放弃盐城，疏散各村。

7月20日，日军后续部队一万七千多人分四路杀到，企图在盐城围歼新四军主力，却扑了空。

由于日军兵力已集中，各据点防守空虚，一些重要据点相继被新四军摧毁，不得不退兵固守，被迫停止了这次来势凶猛的大"扫荡"。

这次反"扫荡"，新四军大小战斗一三十五次，歼灭日伪军一千九百三十二名，自身伤亡约百人。

7月中旬，刘少奇因过度劳累，开始生病，吃不下东西，但他强撑着工作。

9月中旬，他又患了严重痢疾——痢疾是他老病，小时留下的病根。

10月3日，刘少奇收到毛泽东的电报：

中央决定你来延安一次，谅已收到电报，并希望你能参加七大。何时可以动身盼告。

但华中局和军部的负责人不赞成刘少奇回延安去，认为"他不能暂离华中，否则会失掉中心。"

但中央和毛泽东坚持刘少奇必须回延安，只同意他可以缓期启程。

刘少奇又开始紧张部署工作。召开了华中局第一扩大会议，在会上他作了《目前形势和华中三年工作的基本总结及今后任务》的报告。

等一切都部署妥当，刘少奇知道他可以放心地返回延安了。

1943年3月任中共中央书记处书记和中央军事委员会副主席。1945年在中共七届一中全会上当选为中央政治局委员、书记处书记，和毛泽东、朱德、周恩来、任弼时组成以毛泽东为核心的党的

1949年7月出访苏联时，在莫斯科宾馆办公室留影。

第一个稳定成熟的领导集体。1949年9月，在中国人民政治协商会议第一届全体会议上当选为中华人民共和国中央人民政府副主席，随后被任命为中央人民政府人民革命军事委员会副主席。1954年9月在第一届全国人民代表大会上，当选为第一届全国人民代表大会常务委员会委员长。1956年在中共八届一中全会上，当选为中央政治局常务委员、中央副主席。1959年4月，在第二届全国人大一次会议上当选为中华人民共和国主席、国防委员会主席。1965年1月在第三届全国人民代表大会第一次会议上再次当选为中华人民共和国主席、国防委员会主席。1969年11月12日在河南开封病逝。